マンションの大規模修繕でダマされない方法

一級建築士
建山晃

彩図社

まえがき―驚いた大規模修繕工事の実態

築25年の内部リフォームされたマンションを購入して2年目に、抽選でマンション管理組合の理事に選任され、3年目に理事長を押し付けられてしまった。戸数は約150戸の、どちらかといえば大規模に分類されるマンションである。

私の職業は建設会社勤務の技術職で、1級建築士、1級施工管理士の資格を持つ監理技術者だ。年齢は63才、建築現場の施工管理、現場監督を40年近くしている。私が理事長を押し付けられた理由はそうした経験によるところと、2年目の理事の時にマンション大規模修繕のあり得ない実態を見てしまったからだ。

理事の時に、第2回大規模修繕後の1年検査の立ち会いをした。そこで見たのは、屋上にできた水たまりと、排水不良で驚くべき形状になってしまった排水ドレーン周りだった。詳細は第1章に書くが、建築の技術屋としては呆れて笑ってしまう状況になっていた。

さらに驚いたのは、工事を監理した建築コンサルタントも施工・管理をした施工会社も、平然と「これが最良の納まりです」と工事を完了させ、私の前でもそう言い放ったことである。

この施工会社は最近テレビで全国ＣＭを流している大規模改修専門の会社である。素人相手にこんな詐欺まがいの事をしているのかと、同業者ながら愕然とした。

そこで私が理事会で問題を提議し、施工会社にその状況を改善させたことにより他の理事からどうしても次の理事長を引き受けてほしいと言われ、受ける事になった。

理事長になって最初に驚いた事は、マンション管理組合は大変なお金持ちだったこと、そして管理組合は建築や建物管理について全くの素人だったことである。

管理組合には修繕積立金として３億円近いお金があり、それは住民（区分所有者）から毎月修繕費と管理費を徴収して集まったものである。それなのにその使い方は、修繕積立金は外部のコンサルタント、管理費は管理会社に丸投げの状態で、特にエレベーターの保守管理費用として５年間で最大１０００万円以上も消えていた。

そして今後の長期修繕計画を確認すると、次の大規模修繕には現在の積立金を全て使うどころか、何千万円もマイナスになるような計画であった。計画の内容も全くする必要のない工事であった。

管理費の金額が大きくなるエレベーターや受水槽の管理は、管理会社を通じて行われている。保険についてもこの管理会社は同様にずさんであり、建物の評価額を低く抑えた保険に入っていて、大災害に対応していない中身だった。本来、管理会社は多くのマンションを管理していて様々な情報を入手できるのだから、現状に見合っていない内容を指摘するはずの立場だ。それなのに、していなかった。

こんな対応がまかり通っていた原因は、この理事会に建築や建物施工管理の専門家が不在であったのと、区分所有者である住民の無関心が挙げられる。無謀な長期修繕計画は即座に中止と再検討を指示し事なきを得たが、管理費の無駄の削減については現在も検討中である。

理事長になり強く感じたことは、修繕積立金や管理費といった巨額なお金を目当てにした詐欺師、ペテン師がウヨウヨしているのが、マンション管理の世界であるということだ。彼らは法に触れない手段で管理組合からお金を吸い取ろうとしている。そしてその手段は実に巧みだ。

２００９年に「長期優良住宅の普及の促進に関する法律」が施行された。基本になったのは自民党が２００７年に政策提言した「２００年住宅ビジョン」である。その名の通り、住宅の寿命を２００年にする考え方である。さすがにいきなり２００年住宅を作るのは難しいので「長期優良住宅」の名前になったということだろう。ハウスメーカーはすでにその考えで商品開発をしており、住宅ローンも50年を提供するところが出てきている。

マンションについても、50年はもちろん１００年の寿命を考えた長期修繕計画でなければならない。実際にコンクリートのマンションにはそれだけの技術が備わっている。しかし、そのための大切なお金を無駄な管理費や修繕で使い果たしてしまい、大事な修繕ができなくなっているのが現状だ。そうなればマンションはスラム化し、マンションの価値が下落してしまう。そのようなことには絶対にしてはいけない。また、修繕積立金の残高は中古マンションを購入するユーザーに対し明らかにしなければならないことになっているため、そのマンションの価値を決める大きな要因である。

本書の目的は、マンションの価値を下げる輩の正体を明らかにし、自分達のマンションの財産を守ることである。また、専門的でわかりにくいと思われている工事項目別の調査や材料、修繕工事の考え方、工事の監理について、専門家でなくてもできる工事監理方法を書いたので参考にしてほしい。特に最近問題になっているタイルの剥離については裁判の判例や論文も入れてかなり詳しく書いたつもりだ。

多くの方々のマンションを守る一助になれば幸いである。

覚えておきたい修繕工事に関する用語

大規模修繕工事
【だいきぼしゅうぜんこうじ】

経年劣化したマンションの耐久性を初期性能よりも向上させるために行う大規模な工事のこと。単なる修繕のみならず、居住性を向上させ資産価値を高める機会にもなる。

管理組合
【かんりくみあい】

マンションの建物・設備・敷地の管理を行うために「区分所有者」である住民で構成する組織のこと。そのうち、役員のことを「理事」という。設置が義務付けられている。

管理会社
【かんりがいしゃ】

日常的な設備点検、共用部の管理、管理組合の運営の補助など、マンションの維持に関するあらゆる業務を請け負う、専門知識を持った会社。

建築コンサルタント
【けんちくこんさるたんと】

建築に関する相談事を請け負う専門家。大規模修繕工事では管理組合と施工会社の間に入って工事内容のチェックを行う。

工事監理
【こうじかんり】

建築士法第２条第８項で定義される、建築士の独占業務。建築士の資格を持つ者が「監理者」となり、設計通りに工事が行われているかを確認すること。

工事管理
【こうじかんり】

施工者が現場を運営するための業務であり、現場代理人（現場監督）が「管理者」となる。工程の段取り、作業員の手配、材料の手配、安全への配慮などを行う。

大規模修繕工事開始までの大まかな流れ

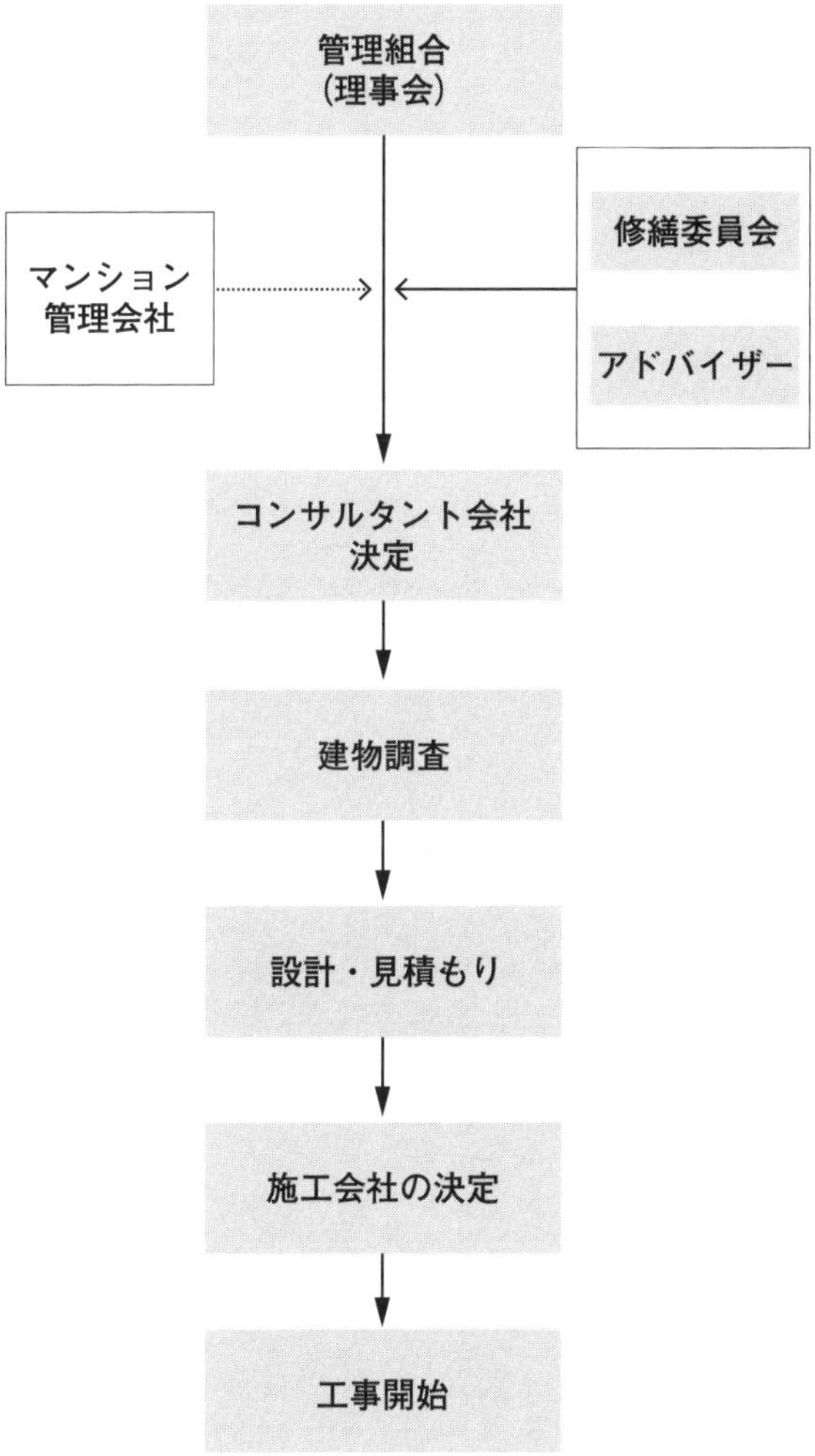

マンションの大規模修繕でダマされない方法

目次

第3章　大規模修繕工事を始める前の注意点

第4章　大規模修繕工事を始めよう

第5章　快適な暮らしのために見直したいポイント

第１章

私たちのマンションで実際に起きたこと

まえがきにも書いたが、第2回の大規模修繕工事後の1年目の検査で私たちのマンションに起きたことを詳しく書きたいと思う。多くのマンションで抱えているであろう問題に類似する部分もあるはずだ。私が理事として見てきた問題であり、その解決方法についてもできるだけ詳細に記した。

屋上防水のずさんな工事

私がこのマンションを購入した時点で、第2回の大規模修繕工事が終了していた。そのとき屋上の防水はアスファルト防水に押《おさ》えのコンクリートを打設してある「アスファルト防水押えコンクリート仕上げ」という、一番信頼のある工法が用いられていた（工法についてはP82で詳しく述べる）。新築から20年以上が経ち、防水の更新時期だと管理組合が判断しての工事だったようだ。

この「新築から20年以上」という数字を考えてみたい。私はその時に入居していなかったので組合の判断についてはコメントのしようがないが、屋上防水の材料メーカーである田島ルーフィングでは、押えコンクリート防水の寿命は20～32年（公式ホームページより）になっている。それを聞いての決定であれば問題はないのだが、コンサルからそのような助言はなかったようである。

また、工事竣工後1年目の屋上では一部の排水管が排水不良を起こし、水が溜まり黒ずんでいた。見ると排水ドレーン（管）の直径は30㎜という屋上排水管としてはあり得ない細さで設置されており、枯れ葉の集積防止のために料理に使うステンレスの金物のザルが被せられて、風で飛んでいかないように上にレンガが置いてあるという状態だった。40年近くこの業界にいるが初めて見た形だ。もしSNSで写真を公開したら、お笑いの世界、不思議発見の世界で、全国の建築関係者から爆笑されるだろう。完了検査が行われたはずなのに、社内検査でも設計検査でもこれが指摘されないのは、異常と言うほかない。

そこで設計事務所に雨量計算をしたのかと聞いてみたが、していないそうで「後で計算します」との返事であった。新築であれば排水ドレーンの径を決めるのに雨量計算は当然行う作業であり、径も最低で75㎜以上が普通である。

このマンションの屋上には元から一部に径50㎜のドレーンがあり、修繕時によく考えないでその50㎜の管に入る30㎜のドレーンを入れたというのが事の真相だ。

結果、その場所の雨量基準値を計算上はオーバーしていないとのことであったが、大規模修繕工事の目的は新築に近い性能に戻すことのはずである。工事前には現地調査をして設計するはずであり、もし事前調査で発見できなくとも、工事中に施工会社の現場代理人が発見するはずなのだ。代理人は設計者に報告し、設計者はその時点で管理組合に「径30㎜だと今後問題発生の危険があります」と提言すべきだった。

これはただちに改善すべきだと理事会で提議した結果、施工会社は排水不良が現れている箇所のみ改善工事を行い、防水の保証期間（工事から10年）は年1回、枯れ葉の季節に排水状況の確認と清掃をすることで決着した。実際に、第2回の大規模修繕から5年目の検査で屋上を見たときに、改善工事を行わなかった他の径30㎜の排水管は何ヶ所か土で詰まっていた。

建物調査でのあり得ない見積もり結果

第2回の大規模修繕工事が終了し、次に給排水管の更新と給水の直結工事の検討をするために建築コンサルタントに調査の見積もりを依頼したところ、調査と設計費で約350万円と出てきた。とんでもない額である。コンサルタントは3年前の第2回大規模修繕時のコンサルタントである。当然、当時の資料（設計図・数量）は把握していて現地調査もしたはずである。新たに調査をすることはほとんどないはずなのに、初めて調査するような金額が含まれていた。

私はこの調査については白紙に戻し、コンサルタントには第2回大規模修繕工事の際に調査したときの見解を報告書で提出してもらうことにした（この費用は無料）。

また、給排水管の調査は自分たちで行うことにした。給水管には電気で赤錆を黒錆に変えて給水管の寿命を延ばす防錆装置がついているので、そのメーカーから給水管内の内視鏡検査の業者を紹介してもらい、理事会が直接発注する形をとった。調査は業者と一緒に理事が立ち会い、スコープを覗いたりして一緒に調査した。結果は問題なく、当分様子を見る事になった。ここの費用は30万円未満に収まった。

給水の直結工事については、機械設備の専門業者に見積もりをお願いした。当然、現地調査と設計をしたうえでの見積もりである。見積書には写真と給水ルートがわかる書類と、給水管更新の見積もりもついていた。本来、見積もりを出すにも現地調査や水理計算（水圧調査）、書類作成業務が発生するのでお金がかかるのだが、私がゼネコンの現役社員であるため、請求は来なかった。ゼネコンから機械設備会社への見積もり依頼は基本無料なので、その慣習に従ってくれたのだと思う（ただし、見積もりばかりで工事を発注しないと当然ながら嫌な顔をされる）。排水管の更新についての見解も口頭で聞いたが、漏水や異臭といった外観上の問題はないので、とりあえずは不要で漏水したら考えましょうとの事であった。

一方、お願いしていたコンサルタントからの報告書はどうであったか。予想していた通り、「給排水管共に配管自体は現在は問題ないが、耐用年数（メーカー見解）が来るので早急に更新工事の準備をすべき」との報告書だった。

こうした結果をふまえて、私自身もＵＲ都市機構（旧公団住宅）への問い合わせやネット検索、知り合いの業者からの聞き取りを行い、排水管については更新の必要なしの結果を理事会に報告した。

コンサルタントの意見を鵜呑みにしていれば３５０万円だったところを、30万円未満でおさめることができたのである。これについては私自身、多少自慢しても良いと思っているし、コンサルタント業者の実態がこのエピソードでご理解いただけたと思う。

コンサルタントの言いなりになっていたら、３５０万円の調査・設計費用をとられるだけでなく、必要のない工事をして億単位の支払いをするところだった。コンサルタントは仕事を作り、設計料がほしいのだ。調査は専門の業者に依頼するしかないだろうが、自分達でできる事は自分達ですることである。難しく考えすぎず、素人は素人の感覚で調査し疑問を感じればそれで十分なのだ。

その塗装工事は大丈夫なのか？

２回目の大規模修繕が完了してから5年が経ったとき、その時の施工会社であるK社が5年目検査に来ることになった。私は理事長を退任し修繕委員になっていた。ちょうどその頃、マンションのあちこちで外壁塗装（吹付ウレタン系タイル）が剥離しているのが散見されるようになった。施工後5年目での塗装の剥離は問題があるように感じる。実は修繕後2年目の検査でも剥離が見られ、その時は無償で修繕できたが、今後はどうなるかわからないので、まずはマンションに保管してある竣工書類の再検査をすることにした。

①監理技術者の確認

修繕工事の請負金は1億円以上なので、監理技術者の常駐が義務付けられている。そこで資格証の確認をしようとしたが、本来あるべき資格証のコピーがない。

監理技術者として現場管理をするためには1級施工管理技士または1級建築士の資格を持っていて、監理技術者登録をして監理技術者講習（5年毎）を修了しなくてはならないのだがそれを示すコピーもなく、ただ会社が作った「この人を監理技術者にしました」という書類しかなかった。他の人は資格の入った名刺を残していたが、その人の名刺には何も書かれていなかった。これが公共工事であれば書類審査で不合格となり、資格なしに工事をすれば指名停止になってしまう。これを見逃してはならない。当時、本当に資格があったのかどうかを明確にすべく、書類の再提出をお願いすることにした。

②施工要領書の確認

塗装工事をするうえでどのような手順と方法をとったのかを確認するために、塗装の施工要領書を確認した。私が見たかったのは、工事する前に外壁を洗浄するときの水圧である。一定基準以上の水圧でないと壁の汚れや劣化している部分が落ちないのだが、それを守らない業者がいるため施工基準値が定められているのだ。そこには100～120Pa《パスカル》の水圧をかけると書かれていた。下請けの要領書にも100～150Paと明記されており、この数字については合格である。ただ問題なのは本当にその水圧で工事をしたのかどうかである。

③工事写真の確認

工事写真で確認すべきものは「搬入時の材料確認」や「工事終了後の空缶確認」などいろいろあるのだが、ここでも注目したのが水圧である。写真を見ると洗浄機で洗浄している工事写真は何枚もあり水圧メーターも写っているが、10時の方向にあることは判別できるものの針の数字が読めない。私の知る限り、メーターの数字は12時の方向に１００Ｐａがあるはずで、これでは水圧が１００Ｐａ以上になっていることが確認できない。

また洗浄機のガン本体を使って作業しているのだが、先端にノズルを付けないでそのまま吹いているように見える。ノズルを付けないと水圧が出ないはずだ。水圧が出ないからメーターも10時の方向までしか上がっていないのではないか、と疑いを強めたのである。さらに、１００Ｐａ以上の圧が出る洗浄機は本体重量が40ｋｇ以上あり、普通は地上に設置してホースを長くして使うのであるが、写真を見ると足場の上まで持ってきている。もしかして、これは軽い機械で１００Ｐａも出ない機械を使っているのではないかと考えた。

そこで施工会社には、①の書類の再提出と、③の写真について、メーターの数字が読み取れる写真の提出と洗浄機のガン本体ならびにノズルを付けた写真の提出と、それらについての説明を求めた。

後日、施工会社から報告書が出てきた。①については、追加の書類に監理技術者証のコピーが添付されていて問題ないことがわかった。

③についてはすでに工事写真が社内に存在しないということで、別の写真が入っていた。ただ、写真を含めた工事書類は工事完了後10年の保存期間が建設業法に定められている。彼らの行為は業法違反の可能性があったが、工事に使った機械と同じ機械が写されていて、メーター写真も10時の方向で１００Ｐａの圧が出ているとわかったので良しとした。ノズルの写真はなかったが、メーターの写真があるためこれも良しとした。

結果的にこの工事においては違法性がないことがわかったが、大切なのは「確認すること」である。すでに工事が終わってしまっても、何かおかしいと感じたら工事書類という証拠があることを忘れてはならないのである。

保険について

私が理事長を務めていたとき、翌年度にマンションの総合保険の更新が決まっていた。理事会の仕事は、翌年の新たな保険料支払いのための予算を確保することだった。

それにあたり保険会社に来年度からの保険金を算出してもらったところ、今までの保険は5年間かけて年間80万円程度だったのが、次の保険では200万円以上になることが判明した。理由は地震保険の金額が上がったことにある。地震保険は火災保険と連動しているため、その分、火災保険も上がってしまうのである。

保険金額については、いままで保険会社に修繕積立金を預けてその運用益で賄っていたのだが、マイナス金利の影響でそれができなくなった。そこで次回の保険契約では5年間一括払いで1000万円ほど必要になったため、駐車場収入から1年限りで転用することで予算を通すことにした。

そして保険会社については、改めて他の保険会社を検討することになった。保険についての詳細は第5章で書くことにするが、日本の保険会社の保険は立地条件に関係なく全ての災害を想定しており、保険の選択ができないため無駄になっていることが多い。例えば私たちのマンションは高台にあり、水害には無縁の立地条件だが水害の保証が入っている。また、被害に対する保証額が少なすぎることが判明し、翌年の理事会で保険会社を変更することになったのである。結果、保証額が倍以上になったうえに、保険料も年間契約となり予定の230万円から170万円程度におさえることができた。

エレベーターの保守点検について

私たちのマンションでは5年前にエレベーターを新しくし、同時にエレベーターの保守点検業務も新たに契約した。その内容は、大まかに次の通りである。

①フルメンテナンス契約
②年間4回の保守点検業務、5機で年240万円
③点検業者はエレベーターメーカーの関連会社

これらは私も理事長として契約しているので大いに反省しているのだが、よく考えて見たら、日本を代表するメーカーが作った機械が設置から3か月目に保守点検をする必要があるのだろうかということである。

新築の建物であれば、最初の1年間は建物の全てが保証対象となり、故障すれば無償で直

すのは当然だ。エレベーターにも同じことが言える。少なくとも最初の1年間は点検業務など不要だったのではないか。エレベーターの点検は、法的には年1回行政に定期報告をしなければならないので、メーカーも「最初の1年間はその年1回の定期報告のための点検のみで十分です」と言うべきではないのか。それにもかかわらず、年4回保守点検をしましょうなどと言うことは詐欺行為に近いのではないかと疑惑を抱いてしまう。

私はこれらの事について疑問に思い調査することにした。詳細は第5章に書いたが、結果としては5年間で約1000万円のお金が無駄に使われたのではないかと確信した。

エレベーターの点検業者と契約したのは理事会であるが、問題なのはその間に管理会社が入っていることと、メーカーも沈黙していることだ。管理会社は他に抱えている物件から同じようなケースを調べ、住民側に立って適切なアドバイスをするのが仕事だ。それを放棄しているとすれば、もはや住民に対する裏切り行為である。

「屋上防水」「建物調査」「塗装工事」「保険」「エレベーターの保守点検」、これらは多くのマンションでも抱えている問題だと思う。私たちのマンションで起こったことを参考に、一度自分たちのマンションについて考えてみていただきたい。

管理会社やコンサルタントがどのような仕事をしているかを見るのは、マンション住民にとって重要なことである。

第２章

大規模修繕工事の裏で何が起こっているのか

マンション管理組合のお金は狙われている

区分所有者であるマンションの住民は、毎月「修繕積立金」と「管理費」を納めている。修繕積立金は将来の建物の維持のために使われ、管理費は日々のマンション管理に使われる。

修繕は、国土交通省によるマンション管理の指針として12年ごとに大規模修繕工事を推奨している。そのため、ほとんどの管理組合は12年をめどに大規模修繕工事を実施することを管理規約に記しているだろう。修繕費用の原資は積み立てられた修繕積立金である。

国交省のデータによれば、平成29年末時点でのマンションのストック戸数は644・1万戸になっている。そのすべてで毎月1万円を積み立てているとすれば、全国で月間約644億円、年間で約7729億、12年間で約9兆円の現金が修繕費として貯まっているのである。国交省による平成29年度の建物リフォーム・リニューアル調査報告では、マンション改修市場は年間約1兆6000億円規模であることもわかった。

管理会社は全国に2185社（2015年国交省資料）ある。毎月1万円の管理費とすれば、修繕積立金と同様に大変な事業規模となる。一度管理組合と契約してしまえば、後は何をせずとも間違いなく毎月お金が入ってくるため、管理会社にとって安定した収入源になっ

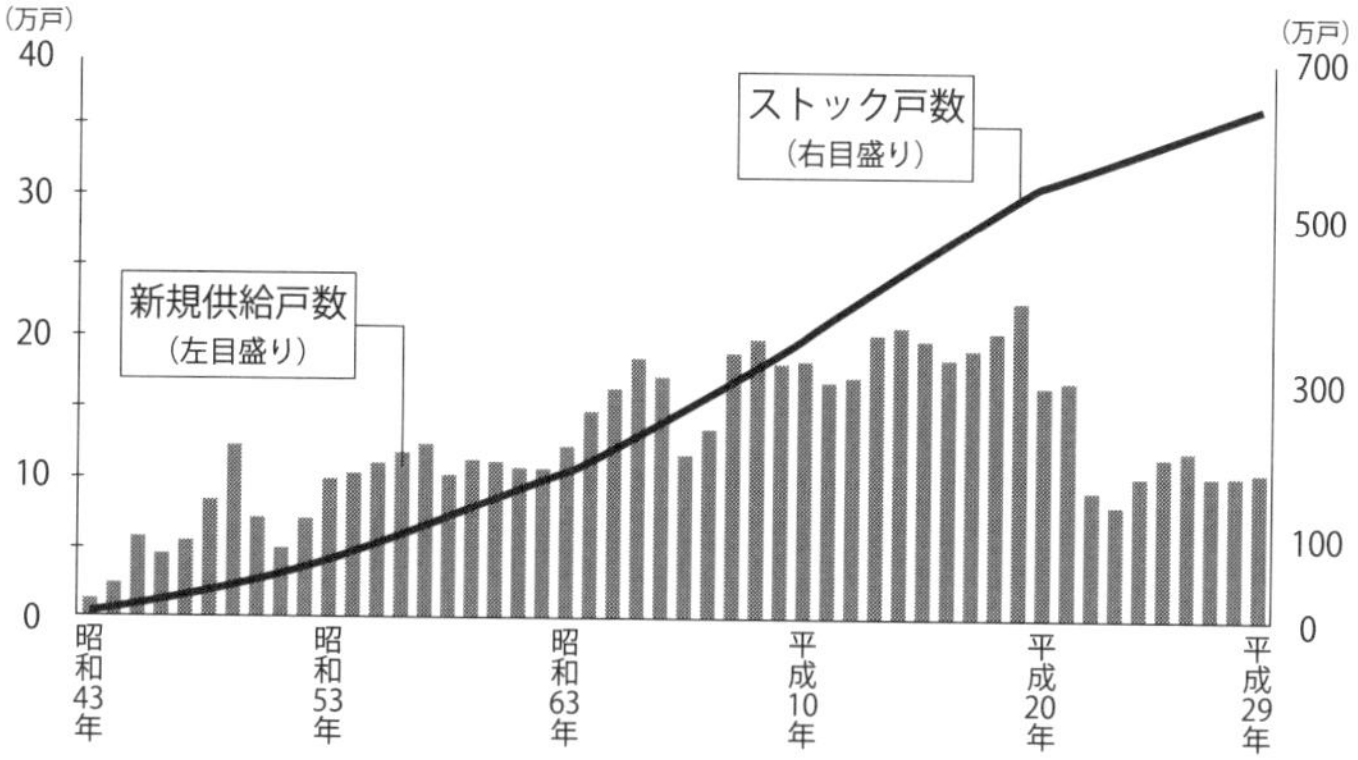

分譲マンションストック戸数（国土交通省、H29末時点）

ている。そのため、修繕積立金と管理費をめぐってはさまざまなトラブルが全国規模で発生している。その例を見てみよう。

大型修繕工事のトラブル例①

（「ＡＥＲＡ」２０１７年5月29日号より引用）

マンション改修の悪質コンサルタントは、深く、静かに侵入する。住民が気づいたときには、コツコツ貯めた修繕積立金がごっそり巻き上げられている。

京都市右京区の団地型分譲マンションは、３年前に実施した大規模修繕をめぐって激しく揺れている。当時の管理組合理事長は、引っ越してきたばかりだった。管理会社の紹介で大手設計事務所をコンサルに選び、大規模修繕への手続きを進めた。マンションの戸数は４００、築後40年で３度目の大規模修繕だった。理事長はコンサルから「３億円程度で可能」と聞き、施工会社４社を集めて修繕工事の入札を行った。

そして、住民環視の集会で、公正を期して同時に入札書を開き理事長は動転する。最低の工事費でさえ「５億２千万円」だったのだ。理事長は、話が違う、とコンサルに書簡を出すが、３億円と確約した覚えはない、とはね返された。着工間近、時間がないと押し切られる。修繕積立金だけでは足りず、管理組合は何と１億５千万円の借金をして大規模修繕を行った。

この間、多数の住民は「専門家に任せておけばいい」と看過した。昨年、管理組合の理事が一新され、40代の女性新理事がＮＰＯ法人京滋マンション管理対策協議会（京滋管対協）に相談を寄せ、コンサルの悪質さが再確認された。女性理事が言う。「事前に他のマンションと情報交換をしていたら、２億円もドブに捨てはしなかった。悔しい。理事長のなり手がなくて、事情にうとい人に任せた結果です。管理組合が目覚めないと何も変わりません」。新理事10人のうち９人が女性になった。

工事費は、どう流れたのか。京滋管対協の谷垣千秋代表幹事が推測する。

「その設計事務所は京都の一等地に会社を構えていますが、過去にトラブルを起こしています。設計や監理（チェック）のコンサル料を安くして管理組合に近づき、施工会社に高い工

事費で請け負わせ、リベート（注：賄賂）を取る。結局、管理組合には高い買い物になるのです（後略）」（引用終わり）

大型修繕工事のトラブル例②

（「毎日新聞」2017年10月1日付記事より引用）

マンションの大規模修繕工事で、発注者の管理組合をサポートするはずの設計コンサルタントが談合に関与し、工事費がつり上げられるケースが相次ぐ。（中略）

マンションは、建物の寿命を延ばし資産価値を保つため、十数年ごとに外壁塗装や屋上防水、給排水管更新など大がかりな「大規模修繕工事」をする。費用は数千万〜十数億円と多額なうえ、（1）不具合を把握する「建物診断」（2）修繕設計書の作成（3）施工業者の選定（4）工事が適正かどうかチェックする「工事監理」―など完成まで2〜3年かかり、各場面で判断が必要だ。

工事の主役である管理組合には多くの場合、専門知識がない。専門家の協力を得ながら工事を進める方式には大きく二つある。

まず、管理組合が管理会社や施工会社と契約し、建物診断から工事まで全て任せる「責任

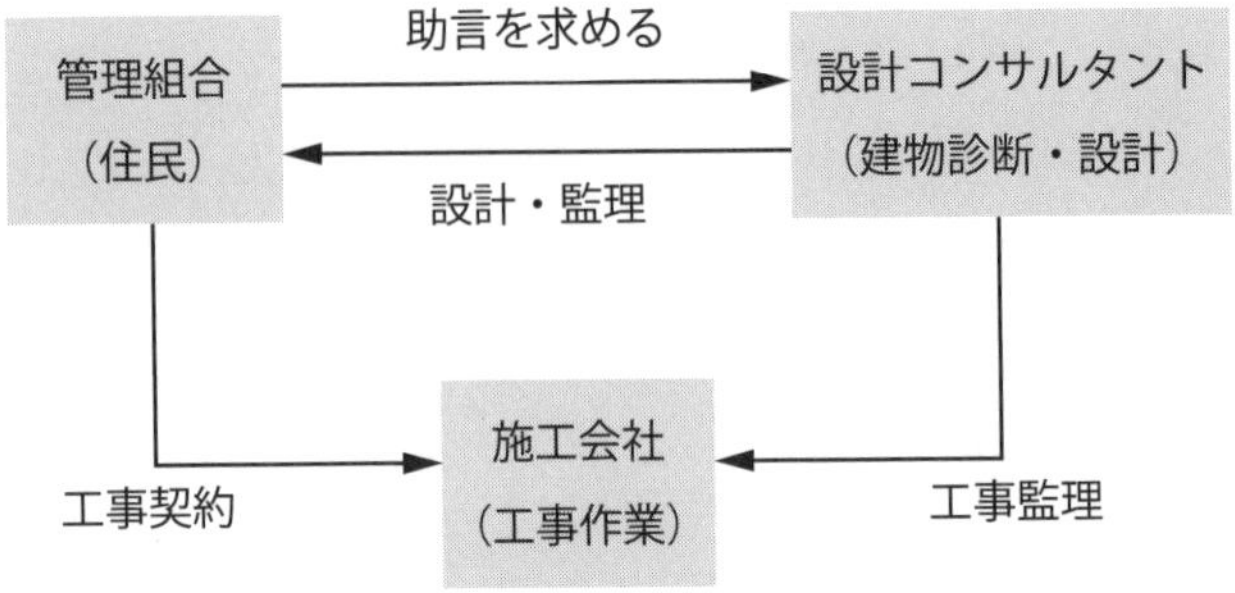

設計監理方式の本来の仕組み
設計・工事監理と施工が分離し、チェック機能が働いている

施工方式」。ただ、第三者のチェックが働かないため、工事品質が低かったり費用が割高になったりする可能性も拭えない。

そこで設計・工事監理と施工を分離発注する「設計監理方式」が広がった。管理組合は公募や管理会社の紹介で設計コンサルと契約し、コンサルが建物診断や設計をして工事仕様書を作成する。管理組合は、仕様書に基づき施工会社を公募し、見積書などから審査・選定する。工事監理は設計コンサルが担う。競争原理やチェック機能が働き透明性が高い方法とされてきた。

ところが、設計監理方式で談合が横行しているという声がある。

（中略）

設計コンサルは管理組合のサポート役のはずだ

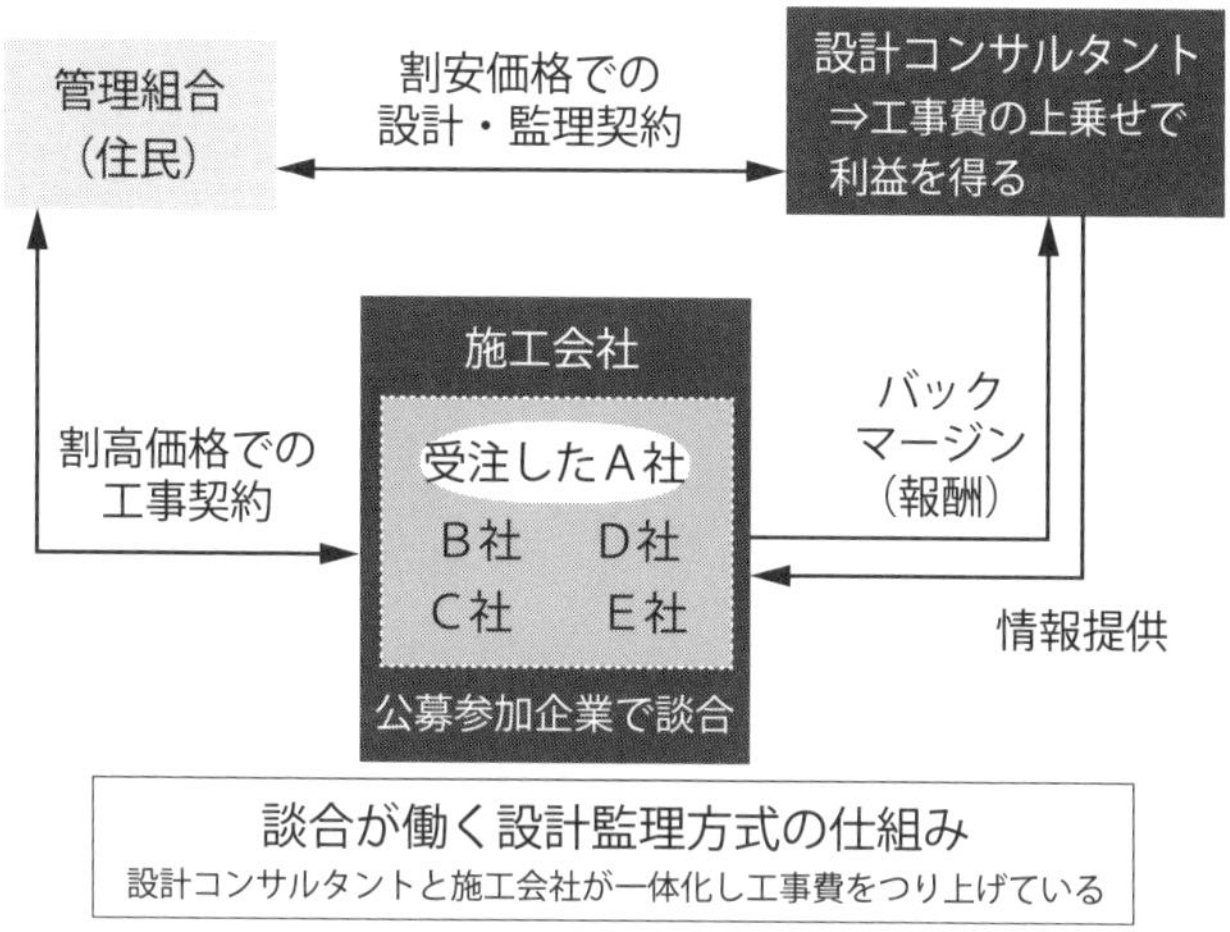

談合が働く設計監理方式の仕組み
設計コンサルタントと施工会社が一体化し工事費をつり上げている

が、バックマージンを払う施工会社が工事を受注できるよう工作する事例があるとする。施工会社はマージン分以上を工事費に上乗せするため管理組合には大きな負担になる。複数の業界関係者によるとマージン水準は高まっており、最大で工事費の20％程度にのぼるという。（中略）

マルタの柴田幸夫会長は「不適切な設計コンサルは、マージンで回収できるため、異常に安い見積額を管理組合に提示でき、工事監理契約を取りやすい。真面目なコンサルほど仕事が取りにくくなっている」と危機感を募らせる。（中略）

１億円の工事に20％のマージンが上乗せされれば、管理組合にとって２０００万円の損失だ。（後略）

（引用終わり）

以上のように、悪質なコンサルにあたってその意見を鵜呑みにしてしまうと、あれよあれよと工賃をつり上げられ莫大な損失を被る可能性がある。

こうした悪質なやり口に対し国交省は2016年にマンション管理指針を改正して「工事の発注は、利益相反に注意して適正に行われる必要がある」と明記した。また、2017年には、国交省から大規模修繕工事のトラブルについて、管理組合や区分所有者（マンション住民）向けに「設計コンサルタントを活用したマンション大規模修繕工事の発注等の相談窓口の周知について」という通知がなされた。

簡単に言うと、「管理組合の利益に反する設計コンサルタントがいるから注意するように、何かあったら相談窓口へ知らせてください」という内容だ。トラブルの具体例は紙面の都合で割愛するが、現在もホームページ上で公開されているのでご覧いただきたい。

管理費のトラブル

管理会社のトラブルで一番多いのは管理費の不正着服である。

2015年に三菱地所丸紅住宅サービス（現三菱地所コミュニティ）の担当者による金

銭着服事件が発覚した。元社員が特定の工事業者と結託し、工事代金を業者に支払い、業者からバックマージンを受け取っていたのである。被害額は約10年間で8億円以上あった。２０１６年にも、新潟県のリゾートマンションで管理組合の理事長による管理費等の着服があった。この理事長は管理組合の実印と通帳を長年一人で管理して8億円以上を着服したと言われている。その他にも国交省のホームページに「マンション管理業者に対する監督処分等情報」があるので興味のある人は参照してほしい。

大手の管理会社の社員による着服であれば会社が被害を弁済してくれるが、理事長個人の犯罪であればお金はほとんど戻ってこないと考えるべきだろう。

理事長を経験した人ならわかると思うが、理事長の仕事の大半は管理組合の実印を押すことであり、大きな金額であれば押すことに緊張して数字や内容などをよく確認する。しかし、少額であればほとんどの場合は管理会社を信用してそのまま押してしまうだろう。私もそうだった。今の時代に管理組合の通帳と印鑑を管理会社や理事長が一括して管理していることはないと思うが、これだけは絶対してはならない。管理費の不正着用の原因を作っているようなものだ。

入出金管理と預金証明書の定期的な確認は、理事会が必ずしなければならない。マンションの修繕費と管理費はマンション住民のお金であり、それは絶対に、適切かつ大切に使わなければならない。

詐欺師の標的は管理組合の理事長である

日本に賃貸ではない鉄筋コンクリート造の共同住宅である分譲マンションが現れて60年ほど経った。日本最古の分譲マンションは、１９５６年に竣工された東京都新宿区の「四谷コーポラス」だと言われているが、２０１７年5月に解体が決まり建て替えが行われている。四谷コーポラス以降、多くの分譲マンションが生まれ、その管理を円滑にするために１９６２年に「建物の区分所有等に関する法律」（区分所有法）ができた。もう半世紀以上前の法律であり、当時は修繕積立金や管理費が詐欺師に狙われるとは想定していなかったのだろう。すでに述べたように、マンションのストック戸数が増えるとともに修繕積立金も膨大になり、そのお金を狙う人達が出てきたのである。

修繕積立金と管理費は住民にとって税金のようなものである。しかし、その使い方について住民はそれほど関心があるようには見られない。私もその一人であったので偉そうなことは言えないのだが、住民の代表である理事会や管理会社が悪意を持っているとは考えないからだろう。

　詐欺師達が騙そうとしているのは管理組合であり、その中でも一番の標的は理事長である。分譲マンションの管理は「区分所有法」によって定められており、住戸の所有者は「区分所有者」と呼ばれる。その中から管理組合を運営する理事が選ばれてさらにそこから理事長が選出されるのだが、ほとんどの人がやりたがらないため抽選で持ち回りとしているところが多いのではないだろうか。任期は約1～2年で交代となる。

　実は区分所有法によれば、理事長は「管理者」になる。理事会の長であり組合の実印も保管するという、国会で言えば首相と衆参の議長を兼ねているような立場だから、その権限はとても大きい。もちろん理事会の承認なくしては何もできないが、その理事会は理事長と管理会社の意向で進められると言っても過言ではない。

　その理事も理事長もマンション管理については素人だとすれば、管理・運営に詳しい管理会社が理事長に説明し、年間行事や予算について議事運行をする。つまり、理事長をコントロールできれば理事会もコントロールしやすいということだ。大規模修繕に関わる建築コンサルタントも同様である。理事会に建築の専門家がいない場合は外部の専門家に頼むしかない。コンサルタントが悪意を持って理事会をリードすれば住民の大切な資産が食いつぶされてしまうのである。

当然、彼らは理事長や理事は何も考えないままでいてほしいと思っている。そうすれば専門知識を武器にして言葉巧みに理事長や理事会に近づけるからだ。最悪なケースは、理事長が詐欺師と組むことである。理事長は理事会で選任されて住民総会で承認されるため、解任させることは以前は容易ではなかったのだが、最近、理事会で解任できる判決が出て理事長の暴走を止める事ができるようになった。

騙されないためにまず何をするべきか

詐欺師に騙されない具体的な方法は第3章、第4章で書くことにするが、一番大切なことは住民の一人一人が自分たちのマンションに強い関心を持つことである。とは言うものの、全ての住民に今すぐに強い関心を持ってもらうのはかなり難しい。

そこで私が理事長になり最初に行ったことは、せめて理事会のメンバーにだけでも関心を持ってもらうべくマンションの概要を知ってもらう事だった。Ａ４用紙１枚の簡単な概要書であったが大変喜ばれ、参考になったといまでも感謝されている。以下がその内容である。

①総戸数
②総面積（簡単な図面があればなお良い）
③年間の総管理費と管理契約内容
④火災＋地震保険の内容
⑤年間の収支内容（簡単な表）
⑥修繕積立金の額

重要なのは「マンションの規模」の把握と、「お金の出入の実態」の把握である。もっと詳細な表が必要であれば、本書の最後に国土交通省が配布している「マンションの建物・設備の概要等」の書類ひな形を入れたのでご参照願いたい。

このほか、理事全員でマンションの屋上から外部周辺と電気室などの共用部を目で見る事が大切だ。概要を知ると自分が住んでいるマンションを俯瞰的に見る事ができるので、ぜひ行ってもらいたい。詐欺師に真っ先に狙われるのは理事会である。

マンション設備概要書（住民の方向け）

マンション名	
総戸数	戸
総面積	（簡単な図面があれば） ㎡
総管理費（年間）	万円
管理契約内容	• • • • •
火災・地震保険の内容	• • • •
年間収支	（簡単な収支表）
修繕積立金額	万円

管理組合費の年間収支表の例（簡易バージョン）

管理費会計収支報告書

平成○年３月31日
○○マンション管理組合

（単位：円）

	科目	予算	実績	差額
[収入の部]	管理費収入 駐車場使用収入 駐輪場使用収入 ○○使用収入 ○○使用収入 ・ ・ ・ 雑収入 利息			
	当期収入合計			
[支出の部]	管理委託費 共用設備点検料 修繕費 保険料 ○○点検料 消耗品費 雑費 予備費			
	当期支出合計			
当期収支差額				
前期繰越金				
次期繰越金				

大規模修繕工事に集まる詐欺師の実態

「人を見たら泥棒と思え」

昔からよく言われることわざであるが、本書の著者として私はこう言いたい。「マンション修繕工事の話が出たら、建築士を連れて詐欺師とペテン師が来ると思え」である。

そのうちの1つ、まずはコンサルタントについて話そう。

コンサルタント（設計事務所）の実態

建築コンサルタントはほとんどが設計事務所を兼ねている。もちろん優秀で真面目でクリーンな設計事務所もあるが、性質の悪い事務所があるのも世の常である。設計事務所がどのような仕事をしていて、そこにいる人物はどのような人なのか、少しご説明したい。

設計事務所の職員に対し、ゼネコン側は「先生」と呼ぶのが通例である。さらに大学の建築学科を卒業して難関の1級建築士試験に合格したわけだから、プライドはそれなりに高い。設計事務所に勤め、いつかは独立して事務所を構えて自分で設計した建物を建てるという夢を持つ人も多いだろう。

しかし現実は厳しい。１級建築士の資格は「足の裏についた米粒である」と言われている。つまり「取らないと気持ちが悪いが、取っても食えない」のだ。

設計事務所は１人でも２人でも開くことができるため、基本的には零細企業である。有名になり仕事がどんどん入ってくれば問題ないが、営業力が無いと倒産したり、お金の問題で分裂するなどそれなりに大変なのである。また１人で事務所の看板を揚げているものの、仕事がなく建築現場の監督として派遣会社に登録している人もいる。

それでも、建築工事において設計事務所の権限は絶大なのだ。権限の源は「監理業務」と「仕様書（仕上げ表）」にある。

工事を行う際には工事が適切な手法や工法で行われているかを確認する工事監理が必須であり、それを責任をもって行うのが建築士の資格を持つ「工事監理者」だ。工事監理の他にも様々な業務を請け負うことは建築士法で定められており、どんな工事であろうと、いてもらわなければならない人物である。

「仕様書（仕上げ表）」は、その工事で何を作るのか、建材は何を使うのかといった工事内容をまとめた図面である。材料メーカーからバックマージンをもらう条件にして仕様書に金額

【外部仕上げ表】

部位	仕上材	備考
屋根	折板葺き t=0.8	
外壁	金属サイディング貼り t=0.5	
腰壁	コンクリート打放し	
犬走り	コンクリート金ごて仕上	

【内部仕上げ表】

室名	床	幅木	壁	天井	備考
玄関	磁気質 タイル貼り	同左	ビニール クロス貼	ビニール クロス貼	
廊下	フローリング	ソフト 巾木	ビニール クロス貼	ビニール クロス貼	
洗面所	CF シート	ソフト 巾木	ビニール クロス貼	ビニール クロス貼	
和室	畳	畳寄せ	ビニール クロス貼	ビニール クロス貼	
洋室	フローリング	ソフト 巾木	ビニール クロス貼	ビニール クロス貼	
トイレ	CF シート	ソフト 巾木	ビニール クロス貼	ビニール クロス貼	
浴室	ユニットバス　1800×1200				

＊これ以外に、工事の「名称」「範囲」「概要」などを記した「仕様書」がある

仕上げ表の例

の高い材料を一行入れるという、あくどい手段も使えるのだ。「なぜこの材料を使うのか」と聞かれても、「デザインで譲れない」と言えばそれまでである。

設計事務所に支払う「設計料」は法的には決められた価格はなく、実態はとても安い。目安として工事費の10％と言われるが、億単位のマンションで3％の場合もある。結局、設計料だけでは食べていけないのでバックマージンをあてにしてしまうのだ。建築家の世界も競争なのだから努力すればいいと思うのだが、ついつい安易な方面に走ってしまうのだろう。

メーカーやゼネコンもなぜそれを許しているのかと思われるだろうが、先述の通り設計事務所は工事の監理者である。工事中に意地悪されては困るため、お金にかかわる要求をある程度飲まなければならない。

そのため最近は、大手のマンション販売会社ではゼネコンの設計部による施工物件が増えている（設計施工方式）。販売会社に元設計事務所の人間が入りあらかじめ仕様を考え、その会社の仕様でゼネコンに設計と施工を任せるのだ。すると、いい加減な設計をすれば自社での施工にも不都合が生じることになるので不正が入りようが無く、販売会社にもゼネコンにもエンドユーザーにとっても良いことになる。

悪徳設計事務所の実態についてご理解いただけただろうか。悪事を働く建築コンサルタントというのは、この厳しい状況が生みだした結果なのかもしれない。
　この実態を補足する新聞記事を紹介したい。

（毎日新聞２０１７年４月20日付記事から引用）

（前略）大規模修繕工事は、「設計・監理（チェック）」と施工を別の業者に任せる方式が広く採用されている。専門知識を持たないマンション管理組合を、管理会社や設計事務所がコンサルタントとして支援するケースが多い。全てを施工業者に任せるより、第三者の目で工事の額や質をチェックできるメリットがある。
　しかし、複数の工事関係者によると、一部のコンサルは格安の費用を管理組合に示して設計・監理を受注。施工業者を募る際、リベートを払うと約束した業者だけが見積もりに参加できるよう条件を絞るという。選ばれた業者が管理組合に示す見積額にはリベート分が上乗せされる。談合によって事前に受注業者が決まっているケースも多い。リベートは工事費の3～20％に上るといい、ある施工業者の元社員は「受注していない管理会社が『場所代』として要求することもある」と話す。（中略）
◇背任罪の可能性も　マンション問題に詳しい折田泰宏弁護士の話

リベートを受け取るコンサルタントは質の悪い施工業者に受注させたり、工事のチェックを手加減したりする恐れがある。結果的にマンション所有者の負担が増すだけでなく、横行すればまともなコンサルや施工業者が減ってしまう。住民の立場で契約を結びながら故意に手抜きを見逃せば、背任罪に問われる可能性もある。

（引用終わり）

建築に係わる法律の中に「建築基準法」がある。マンションの修繕工事についてもこの法律により確認申請が必要な場合があるが、金額が大きくてもほとんどの大規模修繕工事には確認申請は必要がないため、建築基準法の規制を受けないため誰でもできるのである。つまり悪意のある人間が、食えなくなった建築士を雇い、コンサルタント業を始め、無知な管理組合を食ってしまおうと狙っているのである。国はコンサルや施工業者の団体への指導も検討すべきだ。

悪質コンサルタントの手口

管理組合にある億単位の修繕費用をどうやって引き出させるか、いかにバックマージンをひねり出すか、そしてそれを施工会社と共謀しいかに合法的に行うか、ここに詐欺師の腕が試されるのである。

多くの修繕工事における一般的な手順は、①まずコンサルタント会社を決めて調査、設計をしてもらい、②数社の施工会社を対象に競争入札を行って、③そして一番安い業者に落札となる。一見不正が入らないように見えるが、ここからが詐欺師の腕の見せ所である。

工事別の詳細な手口は第3章で述べるが、大まかに言うと次の5つである。

①息のかかった業者に落札させるために工作する

・コンサルの知り合いでコントロールのきく施工業者を選ぶため、入札条件を狭める（資本金の条件を上げる、地域を限定するなど）。

・工事価格の最低落札金額を高めに決めて、知り合いの業者に漏らし落札させる。

②無駄な工事をさせて工事費を上げ、経費を取る

・まだ耐久性がある材料（防水・給排水管等）や機械（エレベーター・受水槽等）が劣化しているとして早めに工事をさせる。

③必要のない工事を見積もりに入れ、実際は工事をしないでバックマージンを受け取る

・表面上に見えない部分（塗装やタイルの浮き等）に問題があるとして見積もりには入れるが実際は何も問題がないため、工事をしたことにして工事費のバックマージンを受け取る。

④相場より高い追加工事費を承認してバックマージンを取る

・工事中に発生した追加工事について、施工会社に相場より高い見積もりを出させ、承認してバックマージンを貰う。

⑤本来すべき監理業務を放棄し施工会社に任せて監理費をごまかす

・設計事務所であるコンサルタントは工事監理をしなければならないが、現場はほとんど施工会社にお任せで本来の監理業務を放棄し、管理組合から監理料だけを受け取る。

以上大まかな手口を述べたが、素人にとって何が必要な工事で何が無駄な工事かを見分けるなどほとんど不可能だ。そこへ「このままだと漏水の恐れがある」「躯体《くたい》が劣化により落下して通行人に当たるかもしれない」「2～3年後に重大な問題が発生する恐れがある」など、ノストラダムスの大予言も悪霊払いのインチキ霊能者も裸足で逃げるペテン師ぶりを発揮しているのである。

彼らは必ず「○○の恐れがある」という表現を使うが、これだとぎりぎり法律に引っかからない。あくまで警告であり、それを選択するのはマンション側になってしまうからだ。ほとんど恐喝ではないかという表現だが、不安をあおられた側、特に理事会の役員は住民に対する責任があるため、ほとんどその提案をのんでしまうことになる。

本来なら10年後か15年後か、あるいは全くしなくてもいい工事もあるが、それを今行うことは詐欺にはならないし、見えない部分の工事は証明するのが難しい。コンサルタントの人間がきちんと監理のために現場に来ているかどうかも、理事会だけでは確認しようがない。追加工事であれば相見積もりも取れない。誰からも指摘されなければ何事もなく修繕工事は終わり、ただ悪質コンサルタントの懐が潤うだけで終わってしまう。そして貴重な修繕費用が消えるのである。

問題なのは、彼らが立派な肩書や資格を背景にそれを行うことだ。それでは次の章から、大規模修繕工事における工事の一連の流れと、各関係者の役割および注意事項を述べていこう。

第３章

大規模修繕工事を始める前の注意点

大規模修繕工事にかかわる役割

現在一般的に行われている大規模修繕工事の仕組みと、各役割の業務内容および注意事項について書いてみたい。年次ごとの大規模修繕工事の要点については第4章で書くので、ここではあくまで役割ごとの実態と注意点について述べていこうと思う。

早速だが、左ページの図を見てもらいたい。これが一般的な修繕工事の発注までのフローチャートである。理事としてマンション管理に深く関わっている人であれば周知のことかもしれないが、改めて確認していただきたい。

施工会社が決まるとここに関係者が増えていくが、まず、フローチャートごとの役割と注意事項について順を追って説明したいと思う。

1．理事会【理事会は外部に工事の調査と監理を丸投げしない】

マンション管理組合の理事会はマンションの運営を決める大切な組織である。しかし、どの管理組合でも同じであると思うが、ほとんどの住民が組合の理事になりたがらないとい

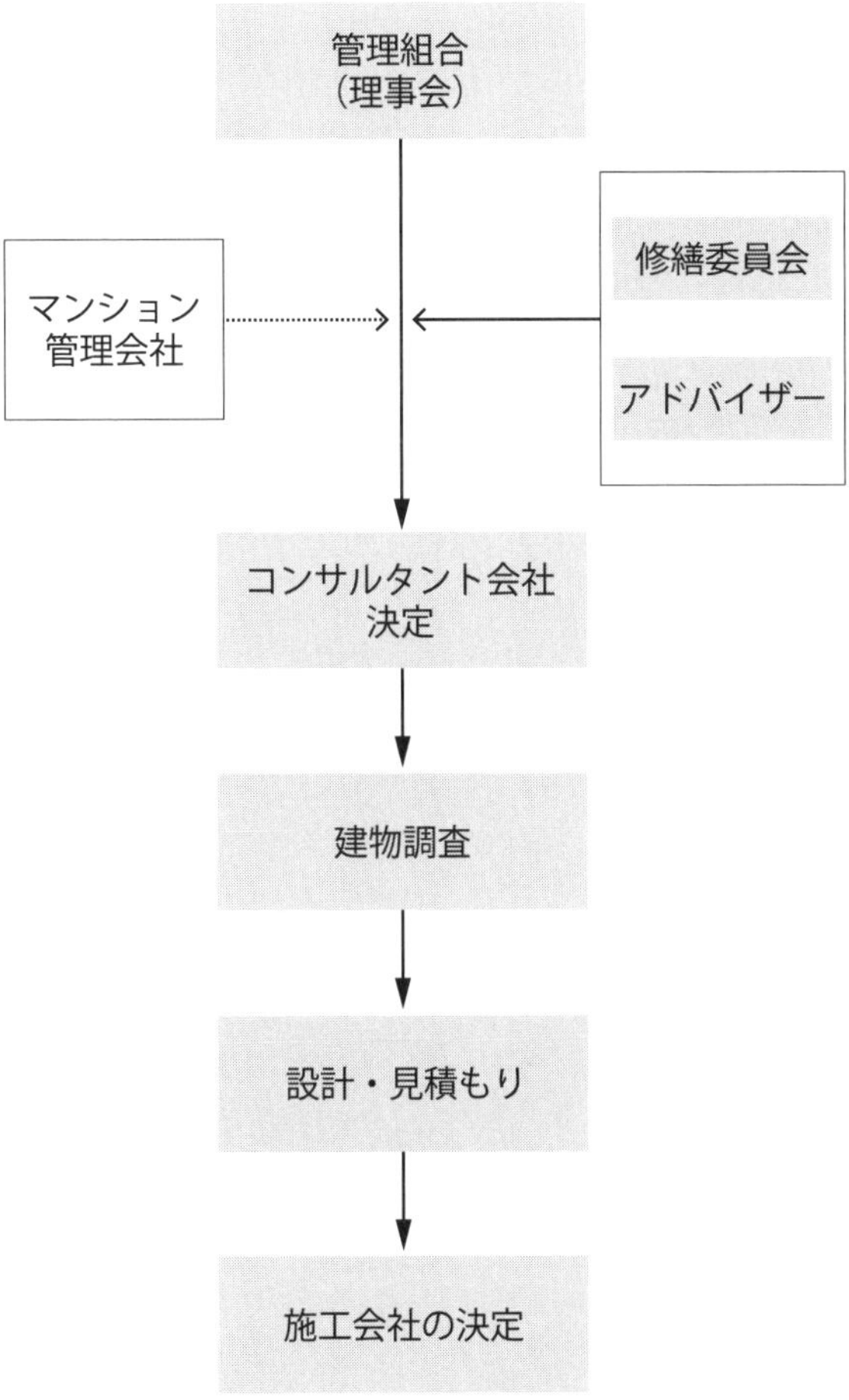

大規模修繕工事の発注までの流れ

う実情がある。すると理事は抽選で選ばれたりするが、理事会というのは規模によっては億単位の工事を発注する責任を負う組織だ。さらに、理事会は修繕工事以外にもマンション全般の管理という職務があるため、大規模修繕工事には、特別に諮問機関である修繕委員会を設置するべきだろう。初めから安易に修繕工事は建築の専門家が行うべきと考え、外部のコンサルタントにすべてを丸投げするようなことはするべきではない。

2. 修繕委員会【住民が中心となった修繕委員会が工事を積極的に監理する】

修繕委員会は大規模修繕工事のための専門部門として、理事会の諮問委員会の役割を担うべきである。メンバーは住民から選出したい。難しいかもしれないが、工事の重要性と一人一人のお金の問題であることを周知すれば、手を挙げてくれる人は出てくるのではないだろうか。設置時期はなるべく早く、すべての工事の保証がある新築から2年以内が一番良いと思う。中古マンションを購入した人で、そのマンションの管理組合に修繕委員会がなければ、なるべく早く立ち上げたい。

その中に建築の専門知識のある人がいれば一番だが、そのような人物がいない場合は外部から大規模修繕工事にはかかわりのない人物にアドバイザーとして参加してもらうのがいいだろう。アドバイザーについてはＰ62にて詳細を述べる。

しかし正直に書くと、現時点で修繕委員会がなく、来年など直近に工事をする予定のマンションの場合は、延期か一時中止するのがベストだ。準備不足で始めるのはあまりお勧めできない。それでも、もう工事が始まってしまうという差し迫った状況の場合は、第４章に専門家でなくてもできる工事監理の方法を書いたので、それを参考に臨んでもらいたい。

3. マンション管理会社【大規模修繕工事を管理会社に任せるのは一長一短】

マンション管理会社の業務はそれぞれのマンションで多少の差異はあるが、基本は住民から管理費を頂いて、その豊富な知識と経験によってマンションの維持管理をすることである。日々の管理業務に伴う雑小工事（工期が短く金額も小さい工事）を管理会社がする分には問題ないと思うが、大規模修繕工事を全て任せることは慎重に検討すべきだ。

管理会社によっては修繕工事に全く口を出さない会社もあるようだが、ある大手の管理会社で、管理部門の売り上げより営繕部門（営造と修繕）の売り上げの方が大きい会社があると聞いたことがある。大規模修繕工事を管理会社が請け負って売り上げを上げているということにほかならない。この会社は日々の管理については評判がよく、ただどうしても会社の方針なのだろうが、大規模修繕工事を自分でやりたがるそうだ。住民にとって管理会社は身近な存在であり、何となく安心感があるのは間違いない。結果として安く、質の良い工事をしてくれれば問題はないのだが、私はその点を疑問に思っている。

これは私が聞いた話であるが、ある大手マンションディベロッパー関連のRという会社が、給水管が20年で閉塞しているとして理事会に給水管更新工事をさせた事があった。給水管はたしかに経年で錆により閉塞するが、10年以上前から管内の錆を防止する装置が販売されている。第1章で書いたが私の住むマンションもその機械が設置されており、管内は30年経っていても十分使えるほど綺麗で、コンサルタント会社が勧める配管の更新工事は延期となった。しかし、Rという会社はそのような機械の情報をマンションの理事会に説明せずに放置してわざと配管を劣化させたように思える。そして自社が元請となって工事をさせたのである。

管理会社は適切に建物のメンテナンスにアドバイスをしてくれて一見良心的に見えるが、凄腕の詐欺師が善人に見えるのと同じである。管理会社はマンションの住民気質・理事会メンバーの性格、そして財務状況を完全に把握しているのだ。それが良い方向に働くこともあるだろうが、やはり慎重になるべきだ。

金銭的には施主《せしゅ》（管理組合）と施工会社は利害が反対の立場である。なのに、これではポーカーなら手札を晒して勝負するようなもので、悪意を持った管理会社であれば好きなようにされてしまう危険がある。監理者は施主を守る立場であるが、設計施工方式（Ｐ49参照）であればそれはできない。どうしても管理会社に工事をやらせる場合は、必ず管理組合側に強力なアドバイザーを付けるべきである。

4．コンサルタント会社（設計事務所）【コンサルタント会社は工事の責任を負わない】

大規模修繕工事にあたり、建築工事について素人である管理組合はコンサルタントを雇って助言、提案、調査、設計、積算（実際の費用計算）を依頼し施工会社を決めるのが一般的だ。最近では改修工事専門の設計事務所もあるようだが、ほとんどの事務所は新築の設計と兼ねて営業している。コンサルタント会社の業務は建物の調査とそれに基づく設計で、ほとんどの場合はこの会社が工事の監理も請け負うことになる。コンサルタント会社の良し悪しで工事の品質が大きく左右されるため、この選定には十分注意を払いたい。

しかし、一番の問題はコンサルタント会社は工事の保証をしないことだ。新築工事であれ修善工事であれ、工事には完了後に１～10年の保証が付く。保証期間以内に瑕疵《かし》があれば無償で直さなければならない（ぜひ竣工書類を確認してほしい）。

その保証書であるが、そこにある名前は元請施工会社名、1次下請け業者名、材料会社名のみで、ここにコンサルタント会社の名前は無い、つまりコンサルタント会社に保証義務はないのである。瑕疵があっても、「元請会社や1次下請け業者が勝手にやった事であり、コンサルタント会社に責任はありません」ということだ。はたして何のための設計・監理業務なのだろうか。責任が伴わないのであれば、極論を言ってしまえば工事の精度などどうでもいいということではないか。悪徳コンサルタント会社が生まれる原因になる。

第1章に書いた私のマンションの屋上防水について、その不備に対してコンサルと施工会社を呼び説明を求めたとき、コンサルタント会社は施工会社に話を振って「君たちどうしてこんなことしたの～」という反応であった。その程度なのである。

5．アドバイザー【アドバイザーは用心棒である】

建築工事を行う場合、「コンストラクションマネジメント（CM）方式」と呼ばれるアメリカで生まれた監理方法がある。簡単に言うと、施主側に立った第三者が施工会社や建築設計事務所を監督・指示する業務であり、その行為者をCMR（コンストラクション・マネジャー）と呼ぶ。

大げさな感じがするかもしれないが、管理組合が雇うべきアドバイザーが、まさにＣＭＲだ。専門家もセカンドオピニオンの必要性を説いており、アドバイザーがその役割を担うのである。

大規模修繕工事の場合、本来であればコンサルタントが第三者となりその役割を果たさなければならないのだが、残念ながらペテン師のダークサイドに落ちてしまっている恐れがあるので、用心棒としてアドバイザーを傍に置いておきたい。

アドバイザーに選ぶべきは、当然コンサルタントや施工会社とは関係のない専門知識を持った人物（会社）である。アドバイザーとコンサルタントの違いは、アドバイザーは工事における調査・設計・積算・現場監理は行わないが、それらの業務が適正に行われているかを監理し指導するのだ。アドバイザーがいればコンサルタントの仕事は工事発注までとし、工事が始まれば施工会社に工事監理を任せてコンサルタントを外すこともできる。施工会社が行う施工管理と工事監理の状況をアドバイザーにチェックしてもらえばいい。

アドバイザーを正しく選ぶことができれば非常に心強い味方になってくれる。重要な点なので少し紙面を割いてその選び方を書いていきたい。

アドバイザーの選び方

アドバイザーを見つけるにはどうすればいいか。知り合いで建築の道に明るい良心的な人がいればいいが、見つからなければ個別に何社かの設計事務所に依頼し、公募するのが良いだろう。また、自治体によってはアドバイザーの派遣に協力的なところもある。

大切なことは、アドバイザーに仕事の内容を明確にして「仕事」をさせることだ。「なんとなくプロとしての目で彼らの仕事を見てください」といった頼み方ではよくない。

アドバイザーの仕事内容

①工事の計画の助言……工事金額を考えた必要な工事の助言
②工事内容の審査……管理組合が求めた内容かどうか、建物にとって必要な工事の有無
③工事金額の審査……金額が適正な価格であるかどうか
④工事の手順の審査……各工事の施工手順が守られているか
⑤工事書類の審査……工事書類の内容が正しいかどうか、適切に提出されているかどうか
⑥追加工事の審査……追加工事の内容や金額が正しいか
⑦竣工検査立ち会い……設計通りの材料を使い工事を完成させているか

ただ、彼らもまた詐欺師の仲間だったらどうしようという不安はあると思う。心配であれば、アドバイザーと工事関係者を接触させなければいいだろう。見積書や工事資料については紙に印刷したものを見せて意見をもらえばいいし、工事中の会議や現場の視察・検査には住民代表の一人のように参加してもらえばいい。アドバイザーの存在はコンサルタントや施工会社に言っておくことはあっても、紹介も名刺交換の必要もない。アドバイザーの意見を管理組合がしっかり理解して、管理組合の意見として言えばいいのである。

私が理事になり、工事の不備を指摘された施工会社は、私がいない場所で「自分たちは設計事務所の指示通り工事しただけなのに……」と言っていたらしいが、そんな言い訳は建設業法の上で通じるはずがない。かといって設計事務所に文句を言った様子もなく、新しい理事にとんでもないのが入ってきたと思ったようだ。アドバイザーは、あくまでマンションの一住民で詳しい人物がいると思わせれば十分に効果を示すのではないか。

アドバイザーへの依頼費用

金額については、国交省が定めた設計費に準じた額で問題ないだろう。「人件費×2＋技術経費＋一般経費」となっているが具体的に金額は示されていないので、1日5万円～（監理内容による）を基準として交渉してみていただきたい。

6．元請施工会社【元請け施工会社の一括下請けに要注意】

修繕工事をどのような会社が請け負うのか、発注側としては気になるところだ。最近は修繕工事専門の会社が多数出てきたようである。

修繕工事は当然入札になり、新築時のゼネコンにも声をかければ義理で参加してくれるかもしれないが、金額は全く合わないだろう。基本的に新築物件を扱うゼネコンは、大型修繕工事まで手が回らない。金銭面も最低で3億円の予算がないと中堅ゼネコンでも人を付けることができないのである。もしそれなりのゼネコンが工事をしているとすれば、必ず一括下請けに修繕工事専門の業者がいると思って間違いない。結局のところ、修繕工事専門の会社が担当することになる。スーパーゼネコンでは子会社に修繕専門の会社を作って直接工事を行う会社もあるが、仕組みとしては同じである。

ここでの施工会社とは大規模修繕工事を管理する会社の事である。発注後の施工について記したフローチャートを左ページの図に掲載した。

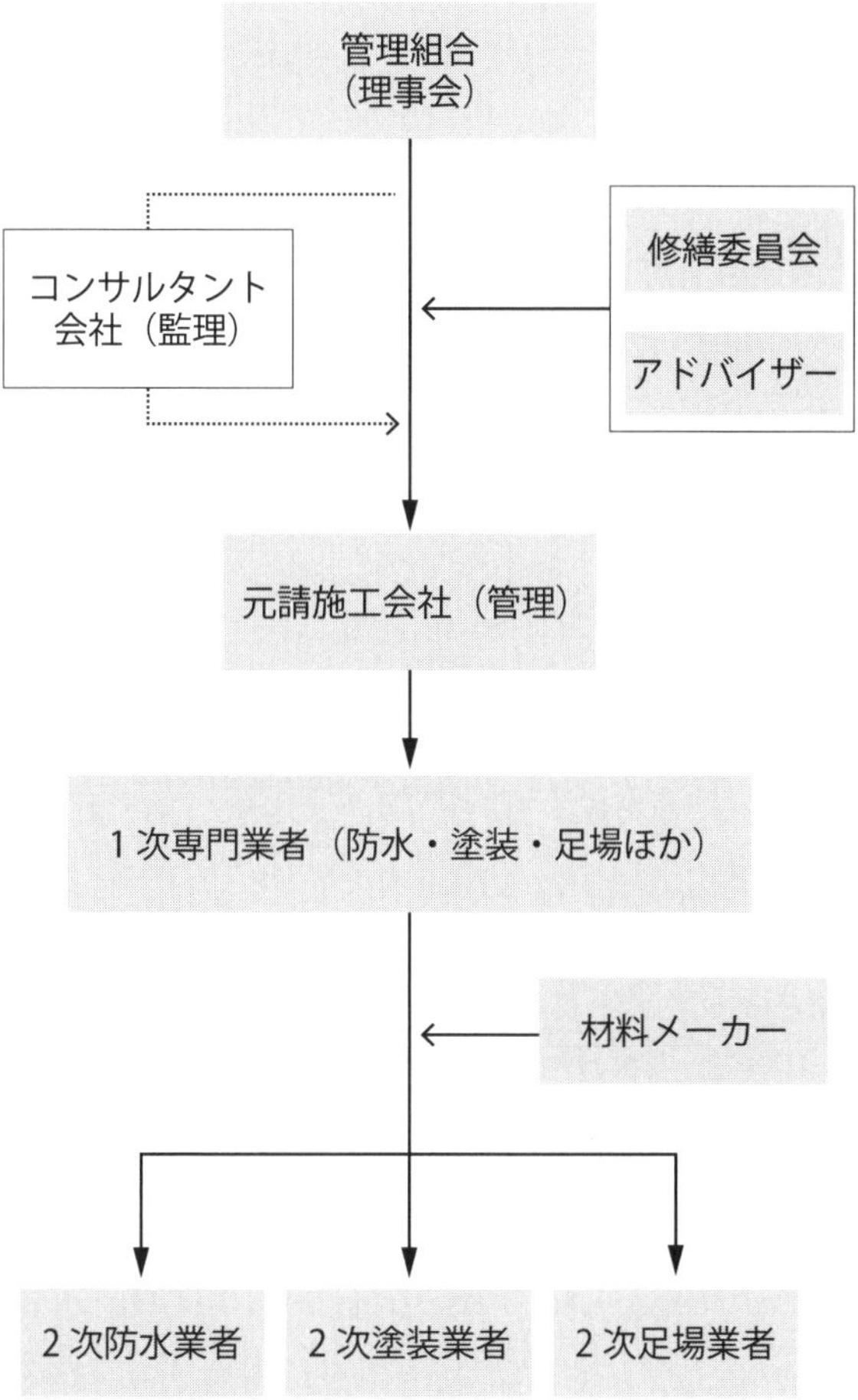

大規模修繕工事の施工における流れ

フローチャートの元請までは一般的に理解できると思うが、その下の形態には驚かれたのではないだろうか。しかし、現実としてほとんどこの形がとられている。ゼネコンの技術屋であり、40年近く施工の現場で働いている人間として断言するが、これが大規模修繕工事の施工形態である。元請の施工会社が1次の専門業者にほとんど工事を丸投げしているこの形が、元請会社にとっても1次業者にとっても一番美味しい。元請会社にとっては1次業者に丸投げすることで材料や専門業者の手配や工程の段取りをしなくて済み、1次業者にとっては材料で利益を上げ、専門業者を自由に選べて自分の手配で工事を進めることができるのである。

ただしこの形態は修繕工事の形であって、一般的な工事の形ではない。一括下請け工事は公共工事では禁止されており、民間でも施主に断らずに行えば建設業法違反になる場合がある。専門的になるので詳細は省くが、違法すれすれと言えるだろう。

とはいえ、この形態が悪いかどうかはまた別の話で、施主からすれば要は適正価格で良い仕事をしてくれればいい。問題なのは、元請が管理までもすべて2次業者にやらせてしまうことである。元請会社の仕事は、仕様書通りの仕事をさせるための工事管理だ。ゼネコンや建設会社というと世間的には談合問題等でなにやら怪しい感じがしたり、コンサルタントと組んで悪事を働くのではないかと不安になる人もいるかもしれないが、施工会社には保証義務があるので手抜き工事はできない。コンサルタント会社が施工会社をしっかり監理すれば施工会社も専門業者（下請け）をしっかり管理するし、緊張感の中で工事をすれば良い仕事ができるのである。

7. 1次専門業者（防水・塗装・足場・他）【施工会社に厳しく管理させるべし】

1次業者は一般的に防水や塗装を専門業務としている業者であるが、社員として防水工や塗装工を多数抱えている会社はほとんどない。せいぜい営業マンとして資格のある人間が数人いるだけである。いざ工事が始まれば材料はこの業者が手配し、次の2次業者に工事施工を全て任せるのが通常の形であるが、この2次業者にあたる専門会社の良し悪しで工事の質が決まると言ってもいいだろう。

この業者にも保証義務が発生するので施工会社に厳しく管理させることが大事になる。

8. 2次専門業者【実際の工事をする職人集団】

直接工事を行うのは2次業者である。数人のグループで構成され、社長にあたる親方がそことを取り仕切っており、実際の工事の現場で働いているのはこの人達だ。近年叫ばれている熟練工の不足と高齢化はここの部分を指し、外国人労働者への依存度が大きくなっている。

9. マンション管理士について【マンション管理士の資格だけでは工事を監理できない】

フローチャートには入っていないが、この職業についても一言ふれておきたい。

マンション管理士という国家資格がある。近年その名前をよく聞くが、この資格はマンションに関わる様々な法律を熟知しマンションの運営の助言をする人達であり、大規模修繕のような建築の専門知識が必要な場合は畑が違うのでアドバイザーには向いていないと思われる。中には建築工事に詳しい人もいるかもしれないが、この資格のみで修繕工事を監理するのは無理である。1級施工管理技士などの資格も持っていれば問題ないが、「マンション管理士」は建築技術の資格ではないことに留意したい。もしこの資格のみで「アドバイザーをします」と言ってきたら無免許運転の観光バスに乗るようなものである。できるできないと資格の有無は別問題だ。

ここまでフローチャート部分の役割を説明したが、これが日本の建設業の一般的な姿である。この形が良いか悪いかは別として、マンション住民が目を光らせるべきは「直接工事をする２次業者を、コンサルタント会社と元請会社がしっかり管理、監督できるかどうか」である。

アドバイザーなど専門家の意見を取り入れながら検討したいところだが、住民自身による工事監理の方法も第４章に記したので、ぜひ参考にしてほしい。

注意すべきマンションの修繕箇所

孫子の兵法に「敵を知り、己を知れば、百戦危うからず」という有名な格言がある。自分たちのマンションを守る際に、敵になりうるコンサルタントの実態は第2章で書いたとおりだ。では、次は己である自分たちのマンションを知らなければならない。

ここでは、大規模修繕工事に際して注目すべきマンションの構造と、工種別の耐久年数および注意点について書きたいと思う。

鉄筋コンクリートの特徴と耐久年数

鉄筋コンクートの寿命は100年以上

日本のほとんどのマンションは鉄筋コンクリート（RC造）か鉄骨鉄筋コンクリート（SRC造）でできている。高層マンションで鉄骨（S造）もあるが、この本の主題ではないので省くことにする。鉄骨鉄筋コンクリート（SRC造）もコンクリートの中に鉄骨が入っているため、ここでは鉄筋コンクリート（ＲＣ造）に含める事にする。

マンションの寿命を決めるのは、躯体である鉄筋コンクリートである。鉄筋コンクリートについて、皆さんはどのようなイメージや知識を持っているだろうか。大規模修繕工事を正確に行うにはマンションの躯体である鉄筋コンクリートのことを知らなければならない。

外装である塗装やタイルが人間の皮膚とすれば、電気設備は神経、給排水設備は内臓、躯体であるコンクリートが肉で鉄筋が骨にあたる。マンションは人間と違い、躯体さえ残っていればその他を取り換える事で寿命を延ばすことができるのである。言い換えれば、「コンクリートの寿命＝マンションの寿命」なのだ。

鉄筋コンクリートと呼ばれる材料が発明されて１００年以上経ったが、コンクリートは古代ローマの時代から存在している歴史の古い素材だ。初期のコンクリートは火山灰を原料とし、ローマの有名なパンテオン神殿（紀元後１２８年頃）の基礎もローマンコンクリートで造られている。

世界初の鉄筋コンクリートの集合住宅はオーギュスト・ペレの設計したフランスの「フランクリン通りの集合住宅」（１９０３年）と言われ、１００年以上前の建物でありながら今も現役だ。日本では共同住宅としては軍艦島のアパート群（１９１６年）と言われている。そして1923年の関東大震災以降、地震に強い鉄筋コンクリートの建物が建築の主流となり、同潤会《どうじゅんかい》アパート（1926年）や第2章で紹介した四谷コーポラス（1956年）が建てられた。どちらもすでに解体されてしまったが、鉄筋コンクリートの耐用年数が来て解体されたわけでなく、内部設備の劣化と、好立地につき建て替え条件が良かったために建て替えとなった。

現代のコンクリートの基本材料は水とセメントと砂と骨材（砂利等）で、鉄筋コンクリートの耐用年数を決めるのがコンクリートの「中性化」である。アルカリ性であるコンクリートが外的影響と経年によって徐々に中性化すると鉄筋コンクリートの強度が低下する。長く放置するとクラック（ひび）が発生して中に水が入り、中の鉄筋が錆びて爆裂を起こすとコンクリートが剥離するのだ。鉄筋コンクリートの耐久年数は、飯塚裕『建物の維持管理』（1979年）では117年、大蔵省主税局「固定資産の耐用年数の算定方式」（1951年）では120年、外装すれば150年となっている。私も鉄筋コンクリートは外装をきちんとメンテナンスすれば100年以上の耐久性はあると考える。

かぶりの厚さがコンクリートの寿命を決める

鉄筋コンクリートの建物を新築する場合、コンクリート打設前には必ず配筋検査が行われ

部位			設計かぶり厚さ(mm) 仕上あり	設計かぶり厚さ(mm) 仕上なし	最少かぶり厚さ(mm) 仕上あり	最少かぶり厚さ(mm) 仕上なし	建築基準法施行令
土に接しない部分	屋根スラブ 床スラブ 非耐力壁	屋内	30以上	30以上	20以上	20以上	2cm以上
		屋外		40以上		30以上	
	柱・梁・耐力壁	屋内	40以上		30以上		
		屋外		50以上		40以上	
	擁壁			50以上	40以上	40以上	
土に接する部分	柱・梁・床スラブ・壁・布基礎の立上り			50以上	40以上	40以上	4cm以上
	基礎・擁壁		70以上		60以上	60以上	6cm以上

かぶり厚さの基準表
（『建築工事標準仕様書・同解説 JASS〈5〉鉄筋コンクリート工事』より）

る。鉄筋の本数と配筋要領を検査するそのときに、「かぶり厚さ」も必ず検査対象となる。鉄筋コンクリートの品質を維持するために一番大切なことは、コンクリートの表面から内部の鉄筋までの最短距離がどれだけ厚いかだからだ。

ＪＡＳＳ５（日本建築学会刊行）では表のように決められており、このかぶり厚さを守ることが鉄筋コンクリートの品質を保つ大きな要因になる。最小は20㎜以上となっているが、場所によるものの30㎜以上は必要だ。

新築の時は完成してしまっているためかぶり厚さを確認することはできないが、経年や地震などの影響で外装材やコンクリートの剥離、落下により鉄筋が露出したときは調査しなくてはならない。もし不足が分かった場合、状況に応じてだが、施工の初期不良となり不法行為として以降20年までは問題にすることができるかもしれない（不法行為等の法律についてはP116で詳しく述べる）。

また、コンクリートの中に異物が混入しているというのも、明らかな初期不良である。

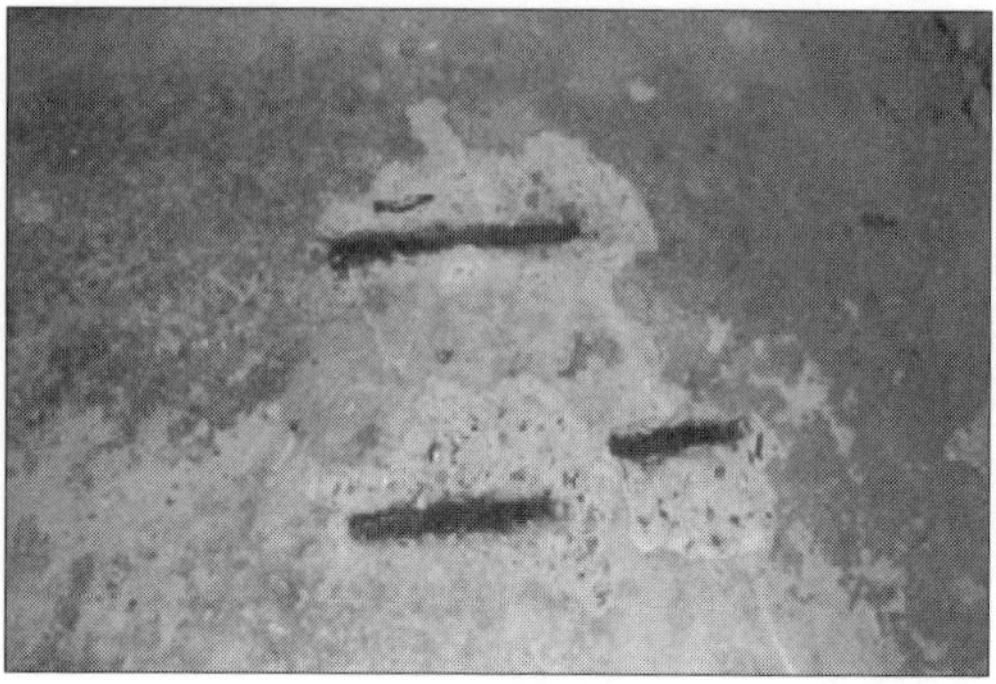
かぶり厚さがなく鉄筋が露出している状態

外装がコンクリートの寿命を延ばす

鉄筋コンクリートの寿命を延ばす外装とは、コンクリートを外部の影響（紫外線・雨・雪・風・排気ガス等）から守るための仕上材（モルタル・タイル・塗装・金属パネル等）のことだ。コンクリートの中性化は表面劣化から始まるので、表面を保護する材料の耐久性が強いほど寿命が延びる事になる。そのため、コンクリートの打ち放し仕上げより塗装やタイル仕上げのほうがより長持ちする。

鉄筋コンクリートを守るためには、大規模修繕工事における仕上材の劣化診断が重要なポイントになってくる。重ねて言うようだが、防水や塗装、タイル、配管などとは異なり容易に替えが利かないコンクリートの寿命が即マンションの寿命と心得ておきたい。

工種別の耐久年数と注意点

詐欺師が管理組合を騙す一番多い手口は、無用な工事をさせて工事費を上げ、業者からバックマージンを受け取る事である。騙されないためにはその工事が本当に必要なのか見極める必要がある。修繕工事の項目はマンションの築年数と比例して増えていくため、項目ごとの注意点も記した。

また、問題が起きた工種について、工事費を本当に管理組合が負担すべきかも考えたいところだ。材料の耐久年数表示は、基本的にメーカーが一番短く、次に国交省で、実際はそれよりももっと長いのが現実である。すでに書いたが新しく工事を行ってから10年間は、新築マンションでも築20年マンションの防水工事でも「瑕疵担保責任」があり、また10年以上たっても売主や設計事務所、施工会社の責任を認めた裁判所の判例もある。工事会社独自でつけている保証もあるかもしれない。保証の範囲内で修繕可能なものに余計にお金を使うことは避けたいところだ。

これらの制度と判例を武器として最大限利用した工種別の防衛方法を考えてみたい。

1．躯体工事（鉄筋コンクリート構造）【窓廻りのクラック（ひび）に注意すべし】

基礎、柱、梁《はり》、床、壁を構成している躯体はマンションの骨格であり、この部分に問題があると大変なことになってしまう。

大前提として知っておいていただきたいのだが、実は鉄筋コンクリートという材料は必ずクラック（ひび）が入る物なのである。私も鉄筋コンクリートの建物を造るときはクラックが必ず入ると考えて、伸縮目地を各所に入れて造る事にしている。

躯体でクラックが入りやすいのは窓（開口）廻りである。また素材で言うと、工場であらかじめ生産されるプレキャストコンクリート（ＰＣ）を使用している建物にはほとんどクラックは見られないが、現場で打設されたコンクリートを使う建物に現れやすい。理由として、窓廻りは構造上コンクリートが入りづらくなっていることと、ＰＣは工場生産により質が安定したコンクリートになっている一方、現場で打設すると天候に左右されたり打設する職人によっても違いが生じるといえる。

窓廻りの壁は構造計算上は構造体に含まれない「雑壁」なので、クラックが入ること自体は構造的には問題ないが、クラックからの漏水やタイル貼りの場合は剥離の原因になる。クラックは現れるのが早く、10年どころか2〜3年で発生する場合もある。クラックに外部の汚れが入り、黒い線が開口部に現れたら早急に対応すべきである。

躯体の保証期間は10年である。なので、10年以内に躯体にクラックが入ったらまずは保証を根拠に施工会社に交渉して無償で工事を頼もう。だが、施工会社もすぐには引き受けてはくれない。一番多いのは、「クラックの原因は近年の地震が原因です。保証は経年劣化に対する保証であり自然災害は想定していません。また、保証は構造体に対するもので雑壁には適用されません」という言い回しである。このような言い訳は、横浜の杭の長さが不足して傾いたマンションでも言われたようである。

しかしこの程度で負けているわけにはいかない。次の手札として、「壁のクラックにより漏水の恐れがあり、現実的に室内までは漏水していないが、コンクリートの中に水が入っているのは明らかに漏水である」として、躯体の10年保証と防水の10年保証をうまく持ち出していく。クラックとみなす基準は、「構造耐力上主要な部分について幅０・３ミリ以上であれば施工不良の可能性あり（建設省告示１６５３号）」となっている。

また、これは細心の注意を払いたい手札ではあるが、相手の対応によってはＳＮＳをちらつかせるのも方法としてはある。近年はSNSによる告発で不正工事が簡単に発覚するようになったので、世間の評判を気にする会社としては交渉のテーブルについてくれるだろう。ただし、これは訴訟も辞さない覚悟で行いたい。「SNSで現状写真と施工会社名と御社の対応を拡散しますよ」というのはやり方によっては恐喝罪や恐喝未遂罪になる。

また、先述の「かぶり厚さ」が足りなかったことで、経年によりクラックが入り鉄筋が現れているような箇所も同様だ。本来のかぶり厚さ(30㎜)を満たさなかったことが原因である。10年以内にこの現象が出るかどうかは微妙だが、かぶりが不足していたのであればそれは施工不良(不法行為)なので、20年以内なら施工会社に責任を問える可能性がある。多少無理筋でも交渉のカードには使えるはずである。

2. 屋上防水工事【防水は漏水してから考えよう】

先ほど少しふれたが、防水工事の保証期間は10年である。実際の耐久年数は、どのような工法を用いたかで変わるので表にまとめた。

防水工事には防水材が表面に出ている露出工法とコンクリートで防水面を保護している保護防水工法がある。一番信頼がおけるのは、アスファルト材をコンクリートで保護した「ア

防水層の種類	標準耐用年数	実際の推定耐用年数
押えアスファルト防水	17年	20～32年
露出アスファルト防水	13年	17～22年
押えシート防水・露出シート防水	13年	
露出ウレタン防水	10年	

屋上防水の種類別耐用年数の比較

（標準耐用年数：建設省総合技術開発プロジェクト「建築防水の耐久性向上技術」資料より）
（実際の推定耐用年数：田島ルーフィング㈱の独自データより）

スファルト防水押えコンクリート仕上げ工法（表の「押えアスファルト防水」）」で、ほとんどのマンションはこの工法を採用している。露出防水を採用しているマンションもあるが、プロの目で見るといかがなものかと思わざるを得ない。

どちらでも保証年数は10年なので9年目には必ず検査することをおすすめする。特に露出防水は材料が露出しているため、紫外線や気温の変化、排気ガス等の原因で劣化が著しい場合がある。この時点で屋上からの漏水がなくても材料劣化が著しい場合は、無償交換の交渉をしたほうがいい。

私が最初に現場代理人として施工した鉄筋コンクリートの賃貸マンションは露出防水を採用しており、漏水はなかったが著しい劣化を理由に7年目でメーカーに無償で取り替え工事をしてもらった

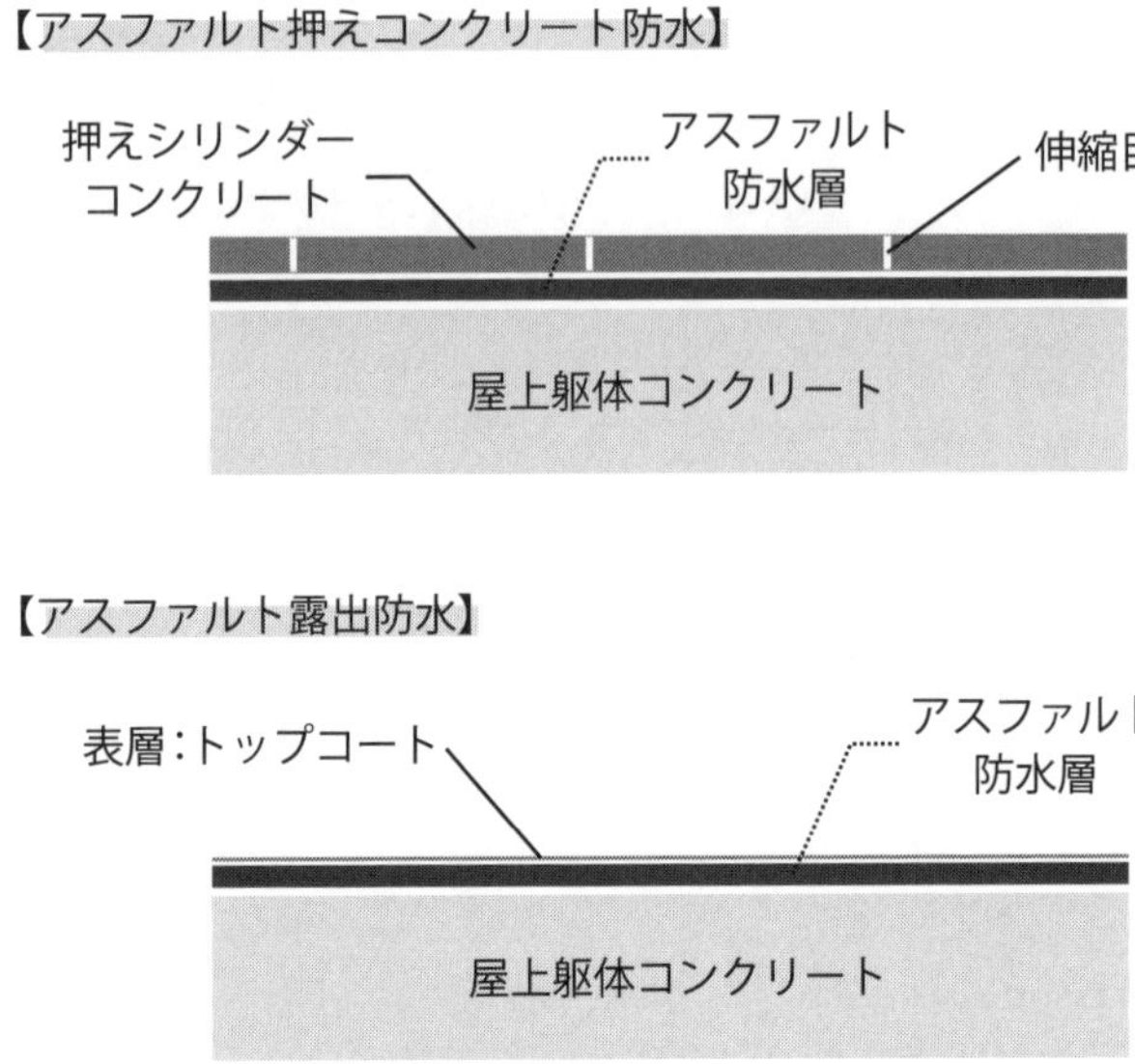

屋上防水工事の種類とその構造

ことがある。保証に含まれる箇所の工事は業者も文句を言わずにやってくれるので、防水に限らず、保証期間内に検査することが重要である。

押え防水工法はとても信頼のある工法なので、適切に工事が行われていれば20～32年は耐久性がある。1回目の修繕工事で「防水の保証期間は10年なので屋上防水の更新工事をしませんか」などと言うコンサルタントの言うことは鵜呑みにしないほうがいい。

私は解体工事もいくつか担当

したことがあるが、築30年以上経過している建物であっても屋上の保護防水は防水材（アスファルト）がコンクリート面としっかり付着していて漏水などあり得ない状態だった。屋上防水の更新工事は２回目の大規模修繕（24年目）で行うことがほとんどであるが、明らかな屋上からの漏水が確認できないならば20年耐えたものは30年、40年経っても漏水しないのではないかと私は思っている。

防水材料のメーカーである田島ルーフィングに電話で問い合わせたところ、アスファルト防水の耐久年数は、平均で20～32年だが実際の物件では40年以上漏水していない建物も存在すると言っていた。現在田島ルーフィングでは耐用年数が80年の防水を販売している。材料に耐久性を持たせたということはあるだろうが、長年の研究と実際の調査で80年の耐久性があると判断したのではないか。

プロの立場から言うと、屋上は防水層が無くても漏らないように納めるのが本当の仕事だ。確かに20年くらい経つと屋上防水の保護コンクリートは汚れ、あちこちにヒビが入っているが、外壁であれば汚れるのは仕方ないことだし保護コンクリートにもヒビは入る。防水しているのはコンクリートの下のアスファルト面であり、コンクリートの汚れとヒビは、実のところ防水能力とは関係ない事象なのだ。元々コンクリートには３～５ｍおきに目地があり、そこから水が浸入しても問題ない造りになっている。ところが「保証期間が過ぎました、ヒビがかなり入っています、ヒビから水が入っているようです」などと言われれば素人が不安に思うのは当然である。

商業ビルの場合、オーナーにとって防水工事は漏水したら考えるのが一般的であり、過去に工事をした商業ビルで漏水していないのに更新工事をするなど私は聞いたことがない。どうしても防水工事をしたいならば最初の工事は30～35年目でいいのではないだろうか。屋上防水は外部足場がなくても施工可能（場所によってできない場合もある）なので12年毎の大規模修繕工事に合わせる必要がないし、コンサルタントも施工会社も入れる必要はない。防水工事の業者やメーカーに管理組合が直接発注すれば十分に仕事を果たしてくれるだろう。

防水更新工事を行う場合、屋上改修工事で多く用いられる「塩ビシート機械固定工法」であれば５０００円／㎡で十分である（平成30年時点）。実際に現場を見てきた中で、耐用年数が低いといわれている露出のシート防水でも25年以上経っても漏水のない例もある。さすがにシート自体の弾力性は無くなり限界に近づいてはいたが、漏水はしていなかった。15年くらいで表面に紫外線防止塗料を再塗装し寿命を延ばしているのだ。

屋上からの漏水はいきなり滝のように室内に落ちてくるわけではない。最初は天井にシミが出てくるのである。それから対応しても遅くはないだろう。つまり、防水は漏水してから考えるべきである。

3．塗装工事

①外壁塗装【外壁塗装はコンクリートの寿命を延ばす】

塗装工事の目的はコンクリートの中性化を防ぎ、コンクリートの寿命を延ばすことにある。外壁の塗装仕上材は何種類かあるが、製造会社は耐久年数を明記していない。理由はどの時点で耐久性が無くなったとするかの判断が難しいのと、建物の立地条件によって異なるためとしている(A社の回答)。それゆえにメーカーが工事に対し個別に保証書を出すことはない。

修繕工事の時期をいつにするかによって選ぶ材料を決めるべきだが、基本的にはウレタン系の材料で十分だろう。ただし、12年ごとに工事すべきかは外壁の劣化状態を見て判断すべきだ。近年の塗装材料はとても付着性が高いので12年くらいではびくともしないのがほとんどだろうが、外壁の自然な汚れはどうしようもないので管理組合で判断してもらうしかない。判断の基準は劣化診断だが、現時点で付着していても簡単に剥離するようなら工事すべきだろう。外部足場の設置とも絡むため慎重な判断が必要になる。

外壁塗装の種類	メーカー回答の耐用年数	実際の推定耐用年数（筆者の見解）	価格（高圧洗浄費を含む）（筆者の見解）
アクリル系	3年	7～8年	2200円／㎡
ウレタン系	5年	8～10年	2400円／㎡
シリコン系	10年	13～15年	2600円／㎡
特殊アクリル系	12年	15～18年	3000円／㎡
フッ素系	15年	18～20年	3200円／㎡

外壁塗装の種類別耐用年数の比較

＊塗装の種類は他にもあるが一般的ではないので省略する
＊メーカー回答は電話による一般的な回答で保証ではない
＊実際の推定耐用年数は塗装の一部の剥離または、材料が劣化を始めるまで

修繕工事中に気を付けなければならないことは、塗装前の高圧洗浄で水圧が低いと塗装の劣化部分が残ってしまい、その上に塗装してもすぐに剥離してしまうことである。施工要領書にある水圧（１００Ｐａ以上など）は必ず守らせなければならない。

塗装の目的はデザインもあるが、本質は鉄筋コンクリートの保護にある。修繕工事では必ず更新工事の項目に入れて現地調査をして判断すべきだ。

②鉄部塗装

外部階段や手すりなどの鉄製の部分は錆が出てきたら対応しなければならないが、錆が出たからといってただちに耐久性に問題が起

鉄部塗装の種類	メーカー回答の耐用年数	価格（筆者の見解）
エポキシ系	（回答なし）	1000円／㎡
アクリル系	3年	1400円／㎡
ウレタン系	5年	1700円／㎡
シリコン系	10年	2200円／㎡
特殊アクリル系	12年	2600円／㎡
フッ素系	15年	2800円／㎡

鉄部塗装（錆止め）の種類別耐用年数の比較

＊メーカー回答は電話による一般的な回答で保証ではない

きるわけではない。鉄骨階段の場合は目立つ場所にあるので見栄えの問題はあると思う。錆の発生についても外壁塗装と同様の理由で耐久年数についてメーカーは保証をしていない。

修繕工事で注意すべきことは下地処理である。塗装工の仕事の半分以上は塗る事ではなく、ペーパーを掛け錆の部分を完全に落とすことである。時々、見られていないと思って錆が残ったまま塗装する業者がいるため、塗装する前は必ず下地の立合い検査をしよう。材料は高価格のものの方が耐久性があるが、それだけでなく立地環境もふまえて採用すべきである。

また、塗装は３回塗りが基本だ。同じ色を使用すると回数を誤魔化されたり、単純に塗り忘れが出てくるので、すべて色を変えて作業してもらうようにしたい。塗装の種類については前ページの図の通りで、最低でもウレタン系を使用したい。

4．外壁タイル工事【早め早めの検査で問題回避】

外壁タイルの剥離現象が起きたらどうすべきだろうか。これについては全国で大きな問題になっており、とくに道路に面したタイルの剥離落下は人災とみなされれば管理組合の責任にもなるため、危険があれば直ちに対応しなくてはならない。どの程度の剥離が出ると問題なのかという明らかな公的基準はないため、あちこちで裁判になっている。

しかし、この修繕工事も対応を誤ると、本来無償でできた工事が有償となり管理組合が大きな損害を被ることになる。販売会社では外壁タイルについては新築後2～5年の保証期間を設けているのがほとんどだが、この期間に剥離現象が起きることはほとんどないと言っていい。もしこの期間に剥離が起きたら施工不良の疑いがあり、全面調査が必要だ。保証期間内なので管理組合に金銭的な損害はないが、建物の商品としての価値が揺らぎかねない。

ここでは、外壁タイルの剥離についてはマンションの内側だけの問題ではないため、「なぜ剥離するのか」「剥離の状態はどのように検証すべきか」という点を詳細に記したい。

また、中古マンションを購入した人も、販売会社の保証期間は終わっているかもしれないが、重要な問題なので今すぐに自分のマンションの外壁タイルの状態を確認してほしい。問題があっても、築20年までであれば無償で直せる可能性がある。

タイル剥離の原因

外壁タイルも基本的には、「いつかは剥離するものである」と考えるべきだ。なぜタイルが剥離するのか、原因が分からないと相手の責任も問えなくなるので簡単に説明しておきたい。

タイル貼りの工法には大きく分けて「モルタル塗り工法(湿式工法)」と「接着剤貼り工法(乾式工法)」の２種類があり、問題になっているのはモルタルを使用する「湿式工法」だ。接着剤貼りについては現時点では大きな問題になってはいないようである。自分たちのマンションはどの工法で貼られたのか、確認してほしい。タイルについても、仕様書通りに施工されたことを条件にタイルメーカーが13年の保証を付けている。

剥離の原因は工法ではなく以下の要因が大きいと言われている。

①躯体のコンクリートとタイルは温度による収縮率が異なるため、経年の収縮の繰り返し

により接着力が低下して剥離する（ディファレンシャルムーブメント）

②目地やコーキング（隙間を埋める素材）の劣化により、タイルの裏側に入った雨水が冬場に凍結し、膨張して剥離する

③地震の影響で躯体が大きく振動して剥離する

これらはいずれも経年劣化と自然現象によるものであり、今まではこれだけでは保証期間を過ぎての設計事務所や施工会社の責任を問うことは難しく、管理組合側は泣き寝入りするしかなかった。しかし２０１１（平成23）年7月21日に「別府マンション事件」において最高裁判所が設計事務所と施工会社の不法行為を認める判決を出した。

「別府マンション事件」とは、簡単に説明すると、設計・施工者の不法行為（手抜き工事）が原因で建物の安全性が損なわれているので、所有者が設計・施工者に損害賠償を求めた裁判である。7月21日の主文によれば、「この建物は『建物としての基本的な安全性を損なう瑕疵』つまり外壁が落下して通行人の上に落下し、人身被害につながる危険がある場合にあるとし、それを放置することでその危険が現実化する場合は設計・施工者に対して当該瑕疵の補修費用相当額を請求することができる」と書かれてあった。損害賠償の支払いも命じられ

た。

この判決により、民法上の不法行為があれば損害賠償が認められることになったと判断できる。しかし裁判にあたっては、原告側（マンションの所有者）がそれを証明しなくてはならない。ではどんな方法で過去（竣工から5～20年）の証明ができるかが問題だ。裁判はやってみなければ判らないが、私の見解を述べたいと思う。

ポイントは、タイルの剥離の原因は接着力の低下であり、その原因は経年劣化でなく手抜き工事、不法行為であると証明する事である。手抜き工事の有無を判断すべき指針は国交省監修の「公共建築工事標準仕様書（建築工事編）」という仕様書で、その内容が守られて工事をしたかどうかである。まずは以下の事を実施してもらいたい。

写真の記録を残す

新築であればすぐに、そうでない建物でも一番有効な手段は、毎年同じ位置から外壁の写真を撮影することで外壁の変化を記録する事である。撮影はなるべく近くで、タイルの状態がわかるように写すことが大切である。撮影でチェックするのは次の2点だ。

①エフロ（白華現象）の有無

壁に白く何かが垂れたような汚れがあるのを見たことはないだろうか。それがエフロ（エフロレッセンス）である。エフロはタイルの裏側に水が入り、石灰成分が目地から滲み出す現象である。すぐにタイルの付着力が低下するわけではないが、水が裏側に入っているので劣化の前触れの可能性があるという認識はしておいたほうがいい。早いと2年で出る場合もある。エフロ自体はクリーニングすればきれいになるので問題はない。

②窓廻りのクラックの有無

鉄筋コンクリート造で窓廻りはクラックの出やすい場所である。原因として、補強筋の不足、コンクリート打設時の躯体の中での撹拌不足、躯体に入れるべき伸縮目地の不足が考えられる。その影響で、表装のタイルにもクラックが入り黒い線が入ってしまうのだ。クラックも早ければ2~3年で現れ、直ちに建物に影響があるわけではないが、異常な現象であることは間違いない。

この2点に注意して今後のために証拠写真を残しておき、エフロやクラックが出たら販売会社にその原因と今後の対策を出してもらおう。写真とそれらの資料は保証期間が過ぎて裁判になった場合は有力な証拠になるはずだ。

外観検査について

検査については保証期間内（２～５年）に一度は行うべきである。ここでもエフロ、クラックの有無を確認し、施工会社にその報告書を出してもらうことが重要だ。また10年の保証が切れる前の９年目にも、特定行政庁への定期報告（↓Ｐ１２０）もかねて調査したほうがいい。また、検査を行うタイル業者が「専門工事業総合保障制度」に入っていることの確認もしておきたい。この保障に入っていれば、竣工から10年以内であれば工事費は保険から支払われるので、施主に負担はかからない。

検査の方法は「打診検査」と「赤外線による検査」の２種類があり、費用を抑えたいなら仮設足場の必要がない赤外線検査がいいだろう。検査の精度には大きな違いはないのでどちらを採用しても問題はない。検査の基準は次の２点である。

①１ヶ所あたり０・25㎡の剥離が発生していないこと
②タイルの剥落が発生していないこと

検査の結果を見てこれは危ないと感じたら販売会社、設計事務所、施工会社を呼んで対応を考えてもらおう。このような場合は話は大きくなった方が良く、住民側は専門家（アドバイザー）を雇った方が良い場合もある。

剥離状態が全体に広がってきたらただちに関係者を呼び責任を追及しなければならないが、保証期間を過ぎていれば「責任はありません」と逃げられてしまう。ここからが本当の勝負になる。

工事書類の検証

工事書類は建設当時の工事の状況を知る唯一の証拠書類である。次の3つの書類を提出してもらい、書類を検証しよう。

・マンションにある竣工書類
・施工会社の工事記録書類（建設業法上10年の保存義務）
・設計事務所の監理記録書類（建築士法上15年の保存義務）

このとき、写真はあるだけ提出してもらうようにする。写真も含めての書類であり、これらの記録がなかった場合や不完全な場合は適切な監理及び管理業務を行っていなかったことになり、建築士法や建設業法に違反する。そしてこれらの書類で一番注目すべき項目は、

①型枠工事で外壁にパネコート（潤滑塗装がしてあるコンクリートパネル）を使っていたかどうか

②左官工事でタイル貼り面の下地処理をしていたかどうか

③タイル工事終了後のタイルの引っ張り試験が適正に行われていたかどうか

この３つだ。

まず①についてだが、パネコートというのはコンクリートの仕上げ作業に用いる型枠で、潤滑塗装がなされているのでコンクリートの仕上がりがツルツルになる。そんな仕上がりのコンクリートにタイルを貼ろうとすれば剥離しやすくなるのは、なんとなく想像がつくだろう。

最近の仕様書ではタイル貼りの場合はパネコートは使わないことになっているし、タイルを貼る面は高圧洗浄機で汚れを落としてから、監理者の確認・許可の後、工事に入るのが標準である。しかし20年前の標準ではパネコートを使用するのに特に問題はなかったし、私が知る限り大手ゼネコンでも高圧洗浄機でコンクリート面を洗うことはなかった。当時の認識としてパネコートの使用や表面の洗浄作業の有無がタイルの剥落に結びつくとは思ってもみなかった。タイル剥離が問題になってから、新しい仕様標準が作られたのである。

ここまで読むとパネコートが完全なる悪者のようだが、パネコートが使用された建物のタイルがすべて落下しているわけではないので、パネコートの使用の有無より下地処理を問題にすべきである。それが②である。躯体コンクリートとタイルの間に施す下地処理については、左官工事で行わなければならないことになっており、それは20年前も現在も変わらない。

①と②を合わせた論法としては「パネコートを使用したにもかかわらず、それを補うための下地処理を十分に行っていないためタイルの剥離が起きた、それは不法行為である」という点を強調する。書類や写真を見ればパネコートを使っているかどうかは明らかで、下地処理は行っていなければ写真や書類は存在していないだろう。

③についても、工事後のタイルの引っ張り試験はほぼ確実に行っているだろうが、数量が問題だ。面積に応じて数量が決まっているのであるが、数が多すぎて半分程度だけにして検査をしました、という書類になっている場合がある。検査の数が不足していれば、業法違反になるし、監理者である設計事務所がそれを見逃せば建築士法違反である。

現場検証

タイルの剥離部分の現場検証では以下の項目について調べる。

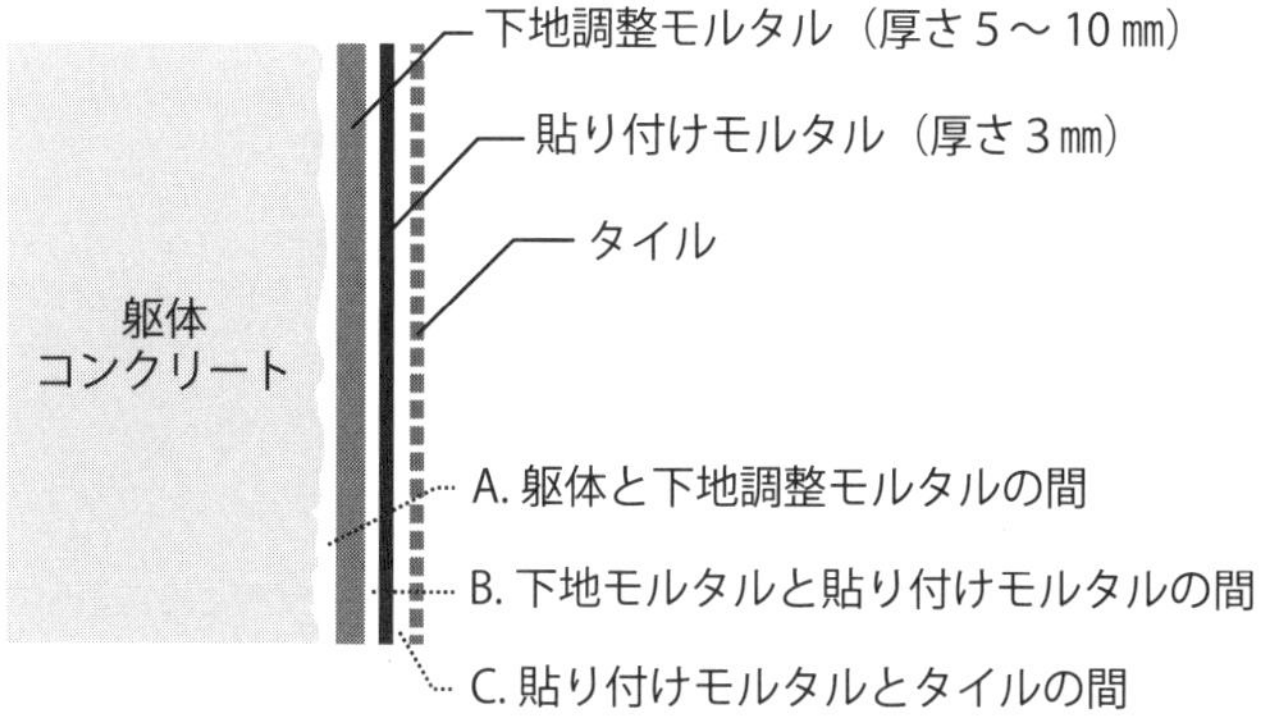

躯体コンクリートからタイル層までの塗装

①剥離部分の箇所と下地の状況を調査する
②クラックの有無と場所を調査する
③伸縮目地の位置を調査する
④タイルの剥離面積が全体の何％か調査する

①については図を見ていただきたい。タイルの剥離箇所はA・B・Cのどれかである。現在大問題になっているのはAの躯体コンクリートと下地調整の部分からの剥離である。BとCについては、私が知る限りは大きな問題になっていないようだ。この時にコンクリートの下地の状態や、パネコートが使われていたかどうか、下地に目荒らしを施してタイルが付着しやすい処理が行われていたかどうかを確認する。

②③については、剥離した箇所の躯体にクラック

があるかどうか、伸縮目地が適正に設置されているかが問題になる。窓廻りは特にクラックが起きやすい。また躯体コンクリートの伸縮目地がタイルの伸縮目地と合っていない場合も剥離の原因になりうると思われる。このあたりは専門的な目線が必要なので、アドバイザーに見てもらうのもいいだろう。

④については、タイルの剥離面積が一定の基準を超すだけで責任を問えるかどうかが争点となるが、それについて大阪地方裁判所判事の髙嶋卓氏が記した「外壁タイルの瑕疵と施工者の責任」（2017年9月）という論文がある。その内容を要約すると、

・壁タイルの浮き・剥落は「建物としての基本的安全性を損なう瑕疵」に該当し、不法行為責任の対象となる。
・不法行為責任の時効は引き渡しから20年。（瑕疵担保責任は最大10年）
・不法行為が成立するには、故意または過失（不注意）が要件。（瑕疵担保は無過失責任）
・2008（平成20）年4月1日以降の湿式工法の施工であればタイルの剥落の責任は原因を問わず施工者側にある。ただし施主側にタイルの剥落の危険を十分説明し、施主側がその工法を選択した場合は施工者側の責任はないと考えられる。

・2008（平成20）年3月31日以前の湿式工法で施工された外壁タイルは左の表を目安として施工不良を推認する。

施工後の期間	浮き・剥離の割合
5年以内	0％
5年超10年以内	3％
10年超15年以内	5％
15年超20年以内	10％

施工不良の目安

〈損害賠償額の算定〉

・不法行為では施工者は、少なくとも補修工事費相当額の損害賠償義務を負う。

・損害賠償額の算定に於いて、経年劣化の割合分を削除すべきでは無い。（全額負担）

（例）施工後12年で11％の浮きがあった場合、補償費全額が損害賠償額。損害額から5％分＝11分の5「45・45％」を控除すべきではない（筆者注：5％未満の部分の補修金額についても施工者が負担すべきである、の意）。

論文によれば、剥離部分の割合で責任を問えるので施工者側の責任を追及することができそうである。ただし湿式工法の施工に限られるため接着剤による工法については当てはまらない。

この論文について私の知人の司法関係者に確認したところ、これは判例ではないので実際の裁判でどの程度有効かは不明だという。しかし、裁判官も勉強するので足がかりになるような資料として使ってもらえるようにするのがいいとのことだった。細かな状況証拠を積み重ねて、裁判官の心証を良くすることが大切である。

20年過ぎると民法上の不法行為の時効が成立するため、そうなると建物の修繕工事は全て管理組合が負担しなければならない。タイル工事も同様である。不法行為については竣工から20年までしか販売会社・設計事務所・施工会社に対して責任を問えないので、何かおかしいと感じることがあるなら早めに声を上げた方が良い。

5. 給排水管工事【配管は漏水したら考えよう】

給排水管は、2~3度目の大規模修繕工事で検討事項になる場合が多い。

まず管の材料を調べる必要がある。1970年代までの建物で給排水管とも「亜鉛メッキ鋼管（白ガス管）」であれば更新の必要があり、そこに余地はない。すぐに更新である。

しかし1980年以降の建物であれば慎重に検討したい。配管の更新の目的は漏水の防止にあるが、マンションは個人と管理組合でそれぞれ漏水のための保険に入っているはずだ。保険の詳しい話は第５章で書くことにするが、給排水管の漏水により下の住居に損害が出ても保険で対応できる場合がほとんどである。だからといって漏水してもいいというのではなく、甚大な被害でなければ保険が使えるうちは慎重に判断して工事のタイミングを見計らい、準備期間にあてるのがいいということだ。ただし、漏水箇所が多くなれば保険会社は管理組合が何も対応していないと判断してしまうので、あまり悠長に構えすぎてもよくない。

給排水管は専有部と共用部に分かれており、専有部は基本的には個人所有のため組合費で修繕できるかどうかはマンションの規約次第だ。よって、ここでは共用部についての考え方を述べたい。

①給水管【更新部分はパイプスペースのみ】

１９８０年以降のほとんどのマンションで使われている材料はＳＧＰ‐ＶＢ管といい、外面は亜鉛メッキ、内面は硬質ポリ塩化ビニル被覆という処理がなされた鋼管である。管自体の寿命は40年といわれているが、20～25年経つと内部（特に90度に曲がったエルボ部）が閉塞していることが多い。流水の抵抗が大きいため、赤錆が発生するのである。

一方で、直線箇所はほとんど閉塞することはない。内視鏡で簡単に見られるので、気になるようなら専門業者に管理組合が直接依頼するといいだろう。一緒に検査をすればその場でカメラを覗く事も出来るので勉強にもなるし、コンサルなどに頼まなくとも報告書がでてくる。

更新工事箇所は、共用部にあるパイプスペース（ＰＳ）内の水道メーター廻りのエルボ部分のみで十分だ。ＰＳ内の縦の直線部分はする必要はない。もし直線部分も直しましょうなどと誰かが言ってきたら、それはコバンザメか吸血鬼と思った方が良い。

また配管内洗浄工事については、私はする必要はないと思う。以前は配管内の錆取りのためにブラスト洗浄（粒体をぶつけて汚れを落とす方法）や高圧洗浄後にコーティングをする工事があったが、肝心のエルボ部にコーティングが付着しにくいことが問題になり現在は業者も少なくなっているようである。私個人の見解としてはしなくていい工事だと思うが、どうしてもこの工事をしたい場合は、10年保証をつけている会社を選んで行うべきだろう。

最近はイオン洗浄なるものが出てきたようだが、これは最近の給水管でよく使われる架橋《かきょう》ポリエチレン管用に出てきたもので、管の凹凸部分のぬめりを除去するための工法だ。従来の鋼管にはさほど効果がないだろうし、ぬめりを取ることが住民にとってどれほどのメリットがあるかは証明されていない。

給湯管については専有部（見解は難しいが）になるため、扱いが難しい。銅管の場合は25年以上経つとエルボの部分から漏水する恐れがあるが、専有部なので基本的に管理組合の保険で直すことは出来ない（階下に落ちれば部分的には使える）。マンション全体の工事とするなら規約の変更が必要になる場合がある。

工事の内容としては、管内のコーティング工事が有効だろう。ここでもやはり10年保証のある工事会社を選んで工事を行いたいが、工事費は15〜21万円／1戸と開きがある。

②排水管【１９８０年以降のマンションは更新も洗浄もしなくていい】

排水管の更新工事は、コンサルタントや施工会社にとってとてもおいしい工事である。金額が大きい割に工事を失敗するリスクがほとんどないので、25年から30年経ったマンションには必ず工事を勧めてくるのである。

困ったことに行政が行っている修繕工事の勉強会でも、錆だらけの管の内部写真とコーティング工事をした管の写真を見せながら配管工事の必要性を説くらしい。その錆だらけの管は50年近く経っている白ガス管で、錆びて当然のものだ。資料を見せられたら、必ず材料の確認と年数を自分たちで確認することが大切だ。行政主催の説明会で詐欺師の片棒を担いでいるわけではないと思うが、不安をあおるような事は言ってほしくないものである。

特にコーティングについては、あるマンションで排水管をコーティングしたら閉塞してしまい大問題になった話を聞いたことがある。コーティング業者に話を聞いたところ、原因は「洗浄したときにエルボ部分の錆が十分取れなくて、そこにコーティングを行ったことで管が閉塞してトイレの汚物が引っかかり、詰まったのだろう」と教えてくれた。その業者は排水管のコーティングは10年保証が付けられないため工事は受けないと話してくれた。排水管のコーティング工事を持ちかけてくる輩と、コーティング工事の決断には十分に注意してもらいたい。

排水管は材料によって耐久性が異なる。１９７０年代までのマンションでは排水管に白ガス管が使われていて、現在あちこちで漏水を起こしている。40年以上も使用されていたと考えると大したものだが、残念ながらこれは更新するしかない。

１９８０年以降のマンションでは排水用硬質塩化ビニルライニング鋼管がＰＳ内の縦管に、室内からの横管は硬質ポリ塩化ビニル管が使われているのが一般的である（全て硬質ポリ塩化ビニル管（トミジ管）の場合もある）。私の解体工事の経験からすると、排水管は50年以上の耐久性があると思われる。

建築学会の指針では28年、官庁営繕の指針では40年となっているが、言ってしまえばこの管を通るのは人の口に入るわけではない排水である。電話で神奈川県のＵＲ（都市住宅公団）に聞いたが、配管がライニング鋼管の物は更新工事の予定はないそうである。明らかに異臭や漏水があれば別だが、かなりの金額になる排水管の全面更新はもちろん、管内洗浄もそう神経質にならなくていい箇所だと考える。年に一度の専有部からの清掃だけで十分だろう。

排水管は垂れ流すための管であるから普段は水圧はほとんどかからない。そこに高圧洗浄を行うとかえって漏水する場合がある。給水管は工事の時水圧をかけ検査するが、排水管に良かれと思って洗浄したら漏水したという笑えない話が結構あるのである。

6．エレベーター【エレベーター、30年経っても大丈夫】

エレベーター設置後25年くらい経つとメーカーという狸がやってくる。「部品の供給ができなくなる可能性がありますので早期の機械の更新を検討下さい」という知らせだ。メーカーは、製造から25年経つと機械の部品を作る義務が法的になくなるため、このような知らせを利用者に出すのである。それを聞いて管理組合がエレベーターの更新を検討しメーカーに見積もりをお願いすると、だいたいの会社から驚くような高い見積もりが出てくるのである。

すでにエレベーター工事を更新してしまった管理組合の人は残念ながら納得すると思うが、要は「談合」しているのではないかと疑ってしまうような額なのだ。このようなことは新築でも同様のことがあるので私はもう諦めている。

東銀座に「奥野ビル」という築85年ほどの古いビルがある。古建築マニアには有名なビルなので、ネットで検索するとすぐに出てくるだろう。そこのエレベーターは20年ほど前に更新されたそうで、さすがに最後は故障ばかりしていたようだが、それでも50年近くは不足なく動いていたという。また、日本最古と言われているエレベーターは、京都・四条大橋近くの東華采館本店（１９２４年築）のビルにある。機械はアメリカ製で93年は経っていると言われているが、以前エレベーター整備をしていた人に聞いたところ、機械はきちんと法定点検すれば30年、40年は問題なく動くそうである。部品についても何とかするとのことだ。

つまり何が言いたいかというと、25年で取り替えと言うのは怪しい話なのではないかということだ。私たちのマンションの近くのスーパーにもエレベーターがあり、すでに30年経っているがきちんと動いている。もちろん「このエレベーターは設置から25年を過ぎたので覚悟して乗って下さい」とは書いてない。

メーカーも「部品を供給できなくなる可能性がある」と言っているだけなので、嘘を言っているわけではないのだ。それでも、日本を代表するメーカーがそろって不安をあおるようなことをしていると感じるのである。

エレベーターの痛ましい事故というものは確かに起こっている。だが、国内のエレベーターの台数を考えたら交通事故よりはるかに少ないだろう。また、住居マンションは事務所ビルやデパートなどの商業施設と比較して使用頻度もかなり落ちるのに、一律に同じ耐久年数であることに私は納得がいかない。もちろん専門業者の意見と私の意見のどちらが正しいのかを判断するのは住民の皆さんであるが、せめて更新時期を25年ではなく33年に延ばすことで、100年間で4回の更新を3回にできないだろうか。日本のエレベーターの品質を考えたらこれで十分なのではないかと思うのだ。

何度も言うようだが、大切なのは業者の意見をうのみにして結論を出すのではなく、自分たちで考え検討し、結論を出すことである。

7．受水槽【1999年以降の製品であれば新耐震基準】

マンションのほとんどの受水槽の材質はＦＲＰ製（繊維強化プラスチック）である。この耐久年数はメーカーでは15年、国交省では25年になっているが、実際にはもっと長く使われているのが実情である。ＦＲＰ製以外では１９７０年代に建てられたマンションで地下ピットにしているコンクリート製のものもあるが、今回は取り上げない。

注意したいのは、受水槽の新耐震基準は建築と違い１９９９年頃からになるため、建物が新耐震基準であっても受水槽は旧耐震基準の場合がある。メーカーによると設置から15年程度であれば各部位の延命工事を勧めるが、30年となるともはや全面更新工事をした方がいいとのことであった。ＦＲＰの強度は設置から15年までは耐震基準に沿うように計算されているがそれ以後は徐々に落ちてゆくようである。

つまり、実質の耐久年数は30～35年が妥当と言えそうだ。ただし受水槽は屋内設置方式と屋外設置方式では紫外線による劣化状態が違うので、屋内のものは5～10年ほど延ばしてもいいのではないだろうか。ただし、内部は塩素によるＦＲＰの溶解の問題があるので、劣化の状況を正確に知りたい場合はメーカーに診断を依頼した後で結論を出すべきだろう。

余談だが、東日本大震災の時にネクスコ東日本から、那須高原サービスエリアの受水槽が壊れたとして調査依頼を受けた。現地に行ってみると、パネルが外れ漏水をしていた。旧耐震基準の受水槽であった。

受水槽方式よりも直結方式に変更を

マンションの屋上に設置されている高架水槽方式の受水槽は、更新時は直結方式に変更することをおすすめしたい。

最近の新築マンションでは、高層マンションは別として受水槽方式はほとんど見られなくなった。一番の理由は受水槽がない分、安く作れることだが、安全の面もある。特に外部に設置されている受水槽は悪意を持った人間から見ると絶好の標的になり、異物を混入される恐れがぬぐえない。

さらに、費用の面から考えても直結方式に軍配が上がる。地域の水圧調査は必要だが、今は7階まで自然水圧で電力なしで上がる場所もある。高層になればいずれにしてもポンプが必要であり、受水槽がないぶん直結方式が安くなる。また直結の場合、受水槽の定期清掃費用や水質検査費用が無くなるためランニングコストはかなり安くなる。新築時は受水槽方式であっても、更新する場合はおそらく直結方式への変更の話が出てくるのではないだろうか。

災害に対してはどうか、考えてみよう。

大地震（震度6強・震度7）の場合、これから受水槽を更新するなら新耐震基準の製品を用いるから地震で崩壊することは、絶対とは言い切れないが心配はないだろう。

　直結方式の場合は、浄水場、排水施設の耐震化と公道内の給水管の耐震化が問題である。全て耐震化されていれば直結方式も安心と言えるが、各地域の耐震化の進み具合は地域の水道局で確認できるので各自で調べていただきたい。ちなみに、私の住んでいる神奈川県川崎市では、浄水場と排水場の施設及びそれらを繋ぐ配管については耐震化が終了していたが、全ての地域の給水管については30％程度という話であった。

　耐震化された配管はジョイント部分がより外れにくくなっていて、震度5程度の地震であれば全く問題がないだろうと推察される。中規模の地震や、他の原因の停電時の場合は直結方式がよさそうである。

　直結方式の場合は停電でも水が供給される（5～6階程度）が、受水槽方式の場合は受水槽の中に貯まっている水が各戸には供給されないので1階まで水を汲みに来なければならない。エレベーターも止まった状況で、階段を使って運ぶのは成人でも大変なのに、高齢者にとってはなおさらである。

　どちらがいいかは住民の判断に依るが、地震はいつ来るかわからないし、大地震となればどちらの方式が災害時に役に立つかは断定できる答えを持ち合わせていない。そうであれば災害を基準にするのではなく、日常の使い勝手で給水方式を選択すべきだろう。

災害対策については、政府の指針にあるように、飲料水と食料は3日分を各自で備蓄して、生活用水（トイレの排水等）は浴槽に水を常に満たしておくように住民それぞれが意識を持つことである程度は解決するのではないだろうか。

なお、都内の指定避難所の小学校では飲料水は直結方式で、受水槽は災害用の生活用水（トイレの排水）として設置するところが増えている。受水槽が無い場合はプールに貯水している場合もある。受水槽方式から直結方式に変更する場合に受水槽は貯水槽として残し、災害対策水とするのである。マンションでこの案を採用するかどうか、これも住民判断に依るが、受水槽の耐久性の問題もあるので費用をかけて更新してまではやる必要はないと私は考えている。

8．電気ブレーカー【ブレーカーはかなり長持ちする】

マンションの電気室やパイプスペースには多くの電気ブレーカーが設置されている。ここでも、「ブレーカーの耐用年数が過ぎています。停電や火災が発生する恐れがあるので早期の更新をお勧めします」と言ってくる輩がいるものだ。

ブレーカーにも耐用年数があるのは事実だ。税法上の法定耐用年数は15年だが、三菱電機の更新推奨時期（公式ホームページに掲載）を確認すると、部品によってバラバラであるが30年はあると考えられる。

工場のように大型機械の作動時に大電流が頻繁に流れるような環境であれば別だが、マンションのようにほとんど一定の電圧しか常時流れていない施設であれば、かなり長持ちすると思われる。点検ポイントもホームページで見ることができるが、基本は頻繁に遮断（トリップ）が起きるようになったら交換時期と考えるべきである。もちろん火災が起きるとは考えにくい。心配であれば電気工事士や電気管理技術者の資格を持つ人に調べてもらうとよい。

修繕工事にまつわる法律と資格

建築工事に係わる資格

建築工事において、新築および改修工事では設計・調査・診断・工事監理と工事管理業務を行うためには資格が必要になる。大規模修繕工事も同様で、資格のない人間がその業務を行うのは法律違反だ。また、業務を行う際に資格証の携帯が必要な場合もあり、それは運転免許と同様といえる。工事の品質を維持するため、法律で決まっている技術者を配置させなければならないのだ。

業務の種類によって必要な資格があって、発注者である管理組合はこれをしっかり確認しよう。

・1級建築士

工事監理者である設計事務所や建築コンサルタントの社員が持つべき資格で、建築士法第

2条2項により国土交通大臣が定める工事監理の業務を行うものである。また、工事管理についても1級建築士は監理技術者免許を取得することで現場代理人の役割を果たし、1級建築士の資格を用いて設計から工事管理までのほぼすべての建築業務をすることができる。設計事務所や建築コンサルタントはほとんどが「1級建築士事務所」の看板を揚げているが、技術職員の全員がこの資格を持っているわけではないことに気をつけたい。事務所の中で図面を引かせることは問題ないが、現場に来て監理業務をすることは法律違反である。

建築士は他に2級建築士（300㎡以下の建物は可）と木造建築士（木造のみ）があるが、いずれも大規模修繕工事はできない。また構造設計1級建築士・設備設計1級建築士の資格もあるが修繕工事には関与しないので説明は省く。

・1級建築施工管理技士

工事管理をする建設会社の職員（現場代理人）が持つべき資格で、建設業法第27条第2項により建設工事の現場担当の監理技術者や主任技術者の有資格者として工事管理をすることができる。この資格がないと現場代理人になれないため、大小にかかわらず建設会社では技術系社員にはこの資格を取らせるようにしている。2級資格でもできる場合もあるが、大規模修繕工事（７０００万円以上）の現場代理人であればやはり1級資格が求められる。

・主任技術者

工事現場における施工の技術上の管理をつかさどる者が持つべき資格。建設業者（建設業の許可を受けた者）は、元請負人・下請人の別や、請負金額の大小に係わらず、主任技術者を配置しなければならない（建設業法第26条第1項）。主任技術者になるには2級以上の施工管理技術士の資格か、10年以上の現場経験が必要になる。

・監理技術者

工事の請負代金の総額が４０００万円（建築一式工事の場合は６０００万円）以上になる場合、先ほどの主任技術者に代わって工事現場に配置される者のこと（建設業法第26条第2項）。また、建築一式工事で７０００万円以上の契約の場合は、この技術者は専任であり他の工事と兼任することはできないし、常時継続的に工事現場に置かれていなくてはならない。

資格としては1級施工管理技士か1級建築士の資格が必要で、監理技術者証の交付を受け、かつ監理技術者講習（5年ごと）を修了していなければならない。工事現場では監理技術者証及び修了証を携帯する必要がある。

以上が、大規模修繕工事において必要な技術者資格である。特に工事費が7000万円以上の工事には施工会社は主任技術者ではなく監理技術者を常駐させなければならないので、その後問題が出た場合は、竣工書類を見直して担当者の名前を確認してほしい。民間工事であっても不法行為にあたり、損害賠償の対象になる。裁判になれば、柔道でいうところの「指導」くらいはとれるだろう。

建物の保証についての法律及び仕様書

自分たちのマンションを守るためには法律を利用するのが一番良い。とはいえ、法律に馴染みのない人も多いと思うので、ここで確認しておきたい。

・住宅の品質確保の促進等に関する法律

「品確法」と呼ばれるもので、2000（平成12）年に施行された。これは「構造耐力上主要な部分および雨水の侵入を防止する部分」については10年の保証を付けなくてはならないという法律である。それ以前から防水工事には10年の保証があったが、国によって法律が施行された。本書でもすでに何度か登場していた「10年保証」はこの法律によるものである。

・専門工事業総合補償制度（建設産業専門団体連合会）

この制度に入っている業者であればマンションの全ての瑕疵に対応できる。たとえば外壁タイルの剥離が8年目に起こっても、販売会社では保証は長くて5年、短いのは2年のところ、この制度は10年の保証があるので工事費は保険で対応できる。

販売会社も施工会社も、下請け会社がこの制度に加入していることを知らない場合があるので事例が起きた場合は確認する必要がある。また、下請け会社がすでに倒産していたとしてもこの保証は生きている。

・建設業法

修繕工事を行う場合に建設会社が守るべき法律である。適切な施工をするための技術者の配置や資格について決められている。例えば、先述のとおり修繕工事の工事費が７０００万円以上であれば監理技術者が現場に常駐しなければならない、などである。

・建築士法

設計事務所が守るべき法律である。適切な工事監理をするための資格が決められている。例えば、建築の設計や工事監理ができるのは建築士（1級、2級、木造）でなければならない、などである。

・民法第709条「不法行為による損害賠償」

ここでは「故意又は過失によって他人の権利又は法律上保護される利益を侵害した者は、これによって生じた損害を賠償する責任を負う」とされている。

建築工事であれば、施工不良による初期不良がこれに該当するといえよう。不法行為であると判明した場合、当然業者は無償で直さなければならないし、この調査の費用も支払わなくてはならない。実際に保証期間の10年を過ぎた瑕疵で、この法律によって勝訴している判例もある。時効は20年。

・官庁営繕　建築工事監理指針

法律書ではないが、工事監理に不可欠な規格・基準、材料・工法などの資料や施工技術を豊富に掲載した工事現場必携の書。これを現場に置かない技術者は偽物か、やる気のない人間である。ここに書かれている内容を無視した工事監理は違法であり、民法の不法行為になる。国交省の竣工検査では、この本が現場に置かれていても手垢で真っ黒くなっていなければ、まともな監理をしたとみなされないと言われる。

・官庁営繕　公共建築工事標準仕様書

各工事の標準仕様が書かれている、これも現場必携の書である。公共とは書いてあるが、民間でもこの標準仕様書によって建物が作られている。この仕様書も管理指針と同様に無視して工事を行い瑕疵が出た場合は、不法行為になる。建築業界にいる我々は、表紙が緑なので「緑本」と読んでいる。

「官庁営繕」と冠につくこの2冊の本は高い本ではないので、大規模修繕工事の場合は管理組合で購入すべきだと思う。管理組合がこの本を持っているだけで、悪質な詐欺師達には大きなプレッシャーになるだろう。

	見直し前	見直し後
外壁タイル等の劣化	打診と目視で調査、異常がある場合は「精密検査を要する」として建物の所有者に注意喚起	調査で異常がある場合は全面打診等により調査し、加えて竣工、外壁改修等から10年を経てから最初の調査の際に全面打診等により調査
吹付アスベスト等	施工の有無、飛散防止対策の有無、劣化損傷状況を調査	左に加え、吹付アスベストが施工され、飛散防止対策がされていない場合は当ガクアスベストの劣化損傷状況を調査
建築設備・防火設備	設備の有無および定期的な点検の実施の有無を調査	左に加え、定期的な点検が実施されていない場合は、作動状況を調査

＊見直し後は、結果報告の際に配置図及び各階平面図を添付する

定期報告制度の見直しされた内容

・定期報告制度

建物の管理者、または所有者が、建物の状態を特定行政庁に定期的に報告する制度である（建築基準法第12条）。マンションの管理組合もこれに該当する。２００８（平成20）年４月に見直しがされた。見直しの項目は表によるが、見直しの目的は外壁タイルにあると思われる。外壁タイルの剥離による落下事故防止のため、建物の所有者に検査を義務づけたのだ。検査方法は全面打診法と赤外線による方法がある。

＊ここに記載してある内容については、特定行政庁により異なる場合があるため、詳しくは特定行政庁に確認してほしい。

第４章

大規模修繕工事を始めよう

まず考えるべきお金のこと

ここまでで、自分たちがマンションの何に、そして誰に注意を払うべきかということはおよそ理解していただけたのではないかと思う。

それでは、いよいよマンションの大規模修繕工事に取り掛かっていこう。マンションのどこに問題があるのかを考えながら、どのように進めていくべきかという手順をできるだけわかりやすく詳細に書いていきたい。

さて、今から大規模修繕を始めるとする。最初に考えるのは修繕金、お金のことだ。これについては以下の順番で考えてもらいたい。

①全て無償で直す
②工事費を管理組合（修繕積立金）が一部負担して直す
③工事費を保険でまかなう

④工事費を管理組合（修繕積立金）が全額負担して直す
⑤工事費を管理組合が銀行から借り入れをして直す
⑥工事費を住民から一時金として徴収して直す

まずは①無償で直すことを考えたい。

手段としては、保証期間と法律の活用である。保証は新築工事だけでなく、大規模修繕工事後にも発生する。前回の工事の竣工書類に保証書が入っているので確認してもらいたい。販売会社にもよるが全ての箇所で2年、防水・躯体については10年が一般的である。

保証期間を過ぎている場合は、建物の瑕疵について販売会社、設計事務所、施工会社の責任を問うために調査し交渉して無償で直す事が理想になる。竣工書類に悪い記録は残さないのでは、と思うかもしれないが、プロが見れば管理記録からどの程度現場に来て監理業務をしていたかは一目でわかる。

裁判になれば裁判所は基本的に和解を勧めるが、その場合は②の一部負担で直すことになるだろう。その際に記録は大きな武器になる。民法上、相手の責任を問えるのは20年なのでこの期間内での対応になる。

マンションに問題がある、では修繕工事をしようと安易に考えてはいけない。それが経年劣化なのか初期不良なのかをまず考えよう。お金を出すのはいつでもできるので相手の責任の有無を第一に考えるべきである。

③保険で直すことについては、各自で入っている専有部の保険と管理組合が入っている共用部の保険があるので、使い方は考えなくてはならない。詳細は第5章で書くことにする。

また、下請けの専門業者が入れる専門工事業総合補償制度の中の「長期性能保証」に入っていればそれも活用したい。全ての工種にはあてはまらないが、タイル・防水・屋根板金などが含まれる。

④工事費を管理組合（修繕積立金）が全額負担で直すことは、竣工から20年が過ぎていれば仕方ないが、その時は修繕積立金詐欺に遭わないようにしたい。

⑤⑥については、かなり深刻な財政状態だと見受けられる。修繕積立金の不足が原因なので、マンション個別の事情をふまえたうえで長期修繕計画を再度検討し、それでも足りなければなるべく早く積立金の値上げを検討・実行すべきである。

大規模修繕工事の理想的な計画

工事の基本的な考え方は、国交省が定める「長期修繕計画標準様式」に沿った計画を立てるといい。この書類は修繕についての考え方や長期計画を作成するために大変良く出来た書類なので、必ず読んでもらいたい。インターネットでダウンロードできる。

ただし、そこに書かれているのはあくまで基本的なことであり、いつ、どのような判断をして工事をすべきとまでは明記されていないので、それは今から書くことを参考にしていただきたい。

１００年後までを見据えた大規模修繕工事のサイクルを目指す

ヨーロッパに行くと古い美しい町並があり、築１００年以上の建物がたくさん残っている。パリの「フランクリン通りの集合住宅」もあのままの形でこれからも１００年以上残るのではないだろうか。

日本でも今後はうまく大規模修繕工事を行った築50年、60年の建物があちこちで姿を残していくだろう。しかし修繕費を無駄に使ってしまい、修繕ができなくなったマンションは悲惨なことになる。修繕金の積み立ては新築後すぐに始まり、黙っていてもどんどん貯まっていく。1回目（12年目）、2回目（24年目）の修繕費はそれほどかからないのだが、その時に修繕費に余裕があると思い込み、コンサルタントの言いなりになって使い込んでしまうという話があるそうだが、これは絶対に防ぎたい。30歳で購入した人もさらに30年経てば60歳になり、平均寿命まで20年以上あるのだ。マンションの資産価値の維持と効率的な修繕費の投入を意識して考えよう。

ほとんどの分譲マンションの管理規約では12年をめどに大規模修繕工事をするのが望ましいと書かれていると思われるが、まともに作られた建物であれば新築後12年で大きな問題が起こるとは考えにくい。

長期修繕工事を計画するときは50年後、さらには１００年後の姿を想像して計画すべきである。50年後に建て替えを念頭に計画するのと、建て替えなしで１００年を考えるのでは全く別の計画になってしまう。当初から建て替えを前提に計画するのであれば、大規模修繕工事はやらず最低限の修繕のみにすべきである。

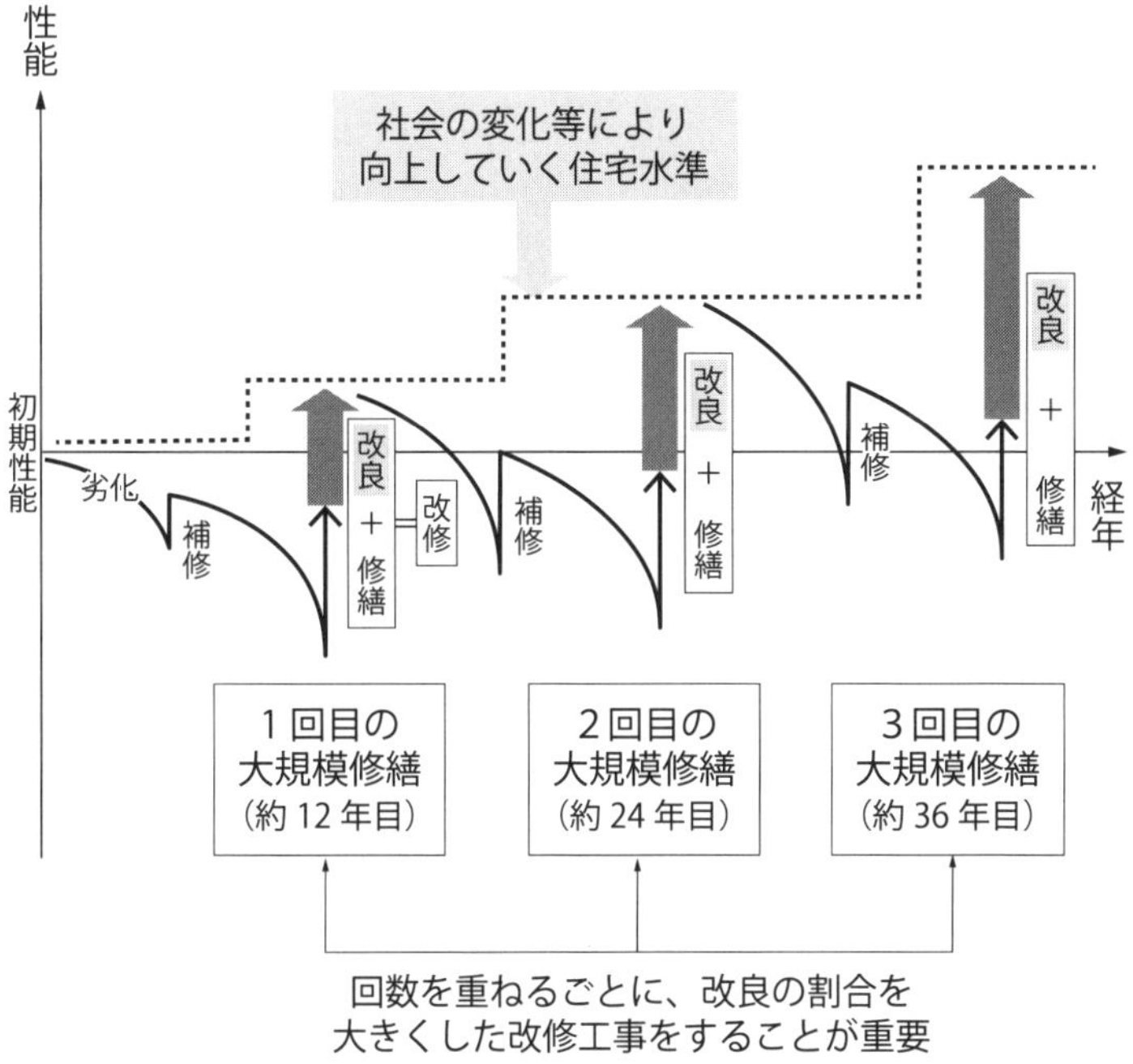

①改修：現状レベルを現時点で望まれるレベルまで回復させる
②修繕：現状レベルを新築当初のレベルまで回復させる
③補修：現状レベルを実用上支障のないレベルまで回復させる

マンションの補修・修繕・改修の概念図
（国土交通省「改修によるマンションの再生手法に関するマニュアル」より）

ただ、実は建て替えはかなりハードルが高い。「中心地であること」「駅近であること」「容積率（敷地面積に対する建物の面積）に余裕があること」が重要で、区分所有者の5分の4の同意が必要になる。そのため日本のマンションでは建て替えがほとんど行われていないのが現状だ。国交省のデータでも2018年4月までで237件に過ぎない。

よって、ここでは大規模修繕工事を定期的に実施することでマンションの寿命を延ばすことを考えたい。

前のページに、国土交通省が発表した長期修繕計画標準様式（平成20年6月）の中にあるマンションの補修・修繕・改修の概念図を掲載した。

これを見ると3回目(36年目)の大規模修繕工事が一番改修の幅が大きくなっている。当然、金額もここが一番大きくなるだろう。この図を基に修繕計画を立案すると、回数を重ねるごとに修繕費が大きくなるため、4回目では修繕積立金の値上げを含んだ計画でない限りマイナスになってしまうだろう。そしてそれ以後も同様である。

100年先の事を考えたら修繕積立金で管理組合が破たんするような計画はやめるべきだとイメージを描いていただけただろうか。

大規模修繕工事は偶数回で行う

大規模修繕工事は建物の劣化状態によってその内容が決まるので、それに従って年次毎の修繕のポイントについて書いてみたい。また、第1回大規模修繕工事まで12年あるとして、新築から10年までの検査についても考えてみたい。

【今回の設定】
総戸数：１００戸（満室とする）
修繕積立金：１万円／月
補足：大規模災害対策として、常に1戸につき１００万円は残す
修繕の行い方：偶数回（2回目、４回目、６回目……）に大規模に工事を行い、奇数回（1回目、３回目、５回目……）は小規模にする。
また1回目（12年目）の大規模修繕までに、２年目、５年目、10年目時点で検査を行う。

第0回①（2年目）

【該当箇所：建物全体】

新築マンションの場合、販売会社によって専有部から共用部まで全てにおいて2年の保証があるのが一般的だ。よって、その保証がある引き渡し後の2年検査を行うべきだ。専有部は住民の自主検査によって進められるが、共用部は管理組合による検査となる。

この時点で修繕委員会が存在していれば、この会が中心となって検査をすればいいのだが、管理会社に丸投げの場合がほとんどだろう。2年目の場合は管理会社もどこまで検査をしてくれるか疑問があるので、できるだけ修繕委員会を立ち上げて住民の意志で検査をしてもらいたい。

「まだ新築みたいなものだから」とあまり関心をもたれないかもしれないが、ここでしっかり施工の初期不良がないか確認しておく必要がある。早ければ2~3年で不具合が出る場合もあるし、大したことがないと思われる傷や、住民が傷つけたと思われる傷でもこのときは直してくれるので気になることは何でも申告した方がいいだろう。異音や異臭、外壁の汚れ、屋上に水たまりがあるなど素人が感じる疑問で十分なので、提起すべきである。

第0回②（5年目）

【該当箇所：外部吹付と外壁タイル】

販売会社によって異なるが、5年目までは外部の吹付とタイルが保証に入っていることが多いのでこの2点、特に外壁タイルについては厳しく検査しなければならない。

詳細は第3章に書いたが、外壁タイルの剥離の問題は修繕工事において誰の責任になるのか、これは判断が難しいところである。そのため、早い時期から外壁タイルの状況を把握しておくという意味でも、検査をしてクラックや黒染みの有無を確認しておくべきだ。住民の目視による検査で十分である。発見したら施工会社に調査報告書を出してもらい、「問題なし」となってもその事実を記録することが後のためになる。

第0回③（10年目）

【該当箇所：屋上防水、躯体コンクリート、外壁タイル】

防水の保証期限が10年、躯体コンクリートの保証も10年であるため、必ず検査しておこう。この年月で防水がダメになっていることはほとんどないだろうが、露出防水の場合は要注意だ。特に幹線道路の近くに建つマンションは紫外線の他に排気ガスでダメージを受けている場合がある。躯体のコンクリートや外壁タイルについても目視での検査はしておこう。

10年の保証というのは「そのうちに何かあっても大丈夫」という意味もあるが、その期間内に住民が能動的に保証を活用することもできることを知っておいてほしい。また、法的には瑕疵が判明したら2年以内に通達しなければならないので、放置しないようにそこは気を付けたい。結果によっては2年後に控える第1回大規模修繕工事で対応すべきだろう。

外壁タイルについては5年目と同様の検査を行うが、新築から10年目は定期報告制度により、管理組合から特定行政庁に外壁タイルの状況を報告しなければならない。

第1回（12年目）

【該当箇所：建物全体、修繕積立金残高：1億4400万円（144万円／戸）】

いよいよ第1回の大規模修繕工事である。このとき中心になるのが修繕委員会で、建物全体の本格的な調査を行い、その結果をもとに修繕計画を立て、工事に入るという流れだ。

繰り返しになるが、プロの目から見て12年目で建物が著しく劣化しているとは考えられない。もし初期の施工不良があればすでに出ているだろうから、10年目までの検査で問題が発覚しているなら、その結果を2年以内に販売会社・施工会社に通告してこのタイミングで一緒に保証部分についても無償で直してもらうべきである。

つまり、保証部分に問題がなければ工事規模は大きくする必要はないということだ。コンクリートが露出しているような箇所があれば対応しなければならないが、もう数年後でもいいし、1回見送って24年目でも良いだろう。商業ビルや公共建築だと12年毎に改修している建物はほとんどない。この回ではなるべく修繕金は使わないでおいて2回目、3回目のために貯めておくのがいいと思う。1回目でも結構な金額で工事をしているマンションもあるようだが、修繕費用は年数が経つほどかかることを忘れてはならない。

大規模修繕工事の費用は1戸あたり100〜150万円と言われているが、1回目は大規模修繕工事というより改修工事と考え、1戸30万円として工事予算を組むといいだろう。

・第1回の工事予算　3000万円……積立金残高　1億1400万円

不法行為の時効、20年を迎える前に

この回は厳密に言うと大規模修繕工事ではないのだが、第3章の法律の項目でも書

第1.5回（18〜19年目）

いたとおり不法行為の時効が20年なので、初期不良と思われる瑕疵が出た場合はこの時期がデッドラインである。例えば、漏水、タイルの剥離、躯体（コンクリートやモルタル）の剥離などの現象が起きたらまずは初期不良を疑い、調査・検討したうえで販売会社、設計事務所、施工会社と交渉しよう。この回は修繕工事ではないので工事費は0円とする。

・第1・5回の工事予算　0円

第2回（24年目）

【該当箇所：見える範囲の共用部分全体、修繕積立金残高：2億5800万円（258万円／戸）】

24年経つと、さすがに建物にもいろいろガタが来る。修繕費用も貯まっているし、住民たちもいろいろと直したい部分が出てくる時期である。しかし、このタイミングこそ詐欺師が「待ってました」と現れる時期であるため、綿密な計画、準備そして用心が必要だ。

ガタが来る一方で、それまでの24年間を大きな問題なく過ごしてきたのであれば建物自体は安定している証でもあり、今後も建物の傾斜や屋上・給排水管からの漏水といった深刻な事故はないと考えてもいいだろう。その意味ではこの時点での建物の状態が、今後の修繕計画の基礎になってくると言える。

とはいえ建物全体が劣化しているのは間違いないため、見える範囲の共用部分は全て改修したい。エントランス、屋根、共用廊下、外壁、階段、ベランダの手摺、エレベーター、玄関扉、給排水管、バリアフリー、これら全てが改修項目の候補になる。本書の最後に、国交省が作った修繕工事のためのひな形があるのでご参照願いたい。

綿密な調査が必要になるこのときこそ、修繕委員会の力が必要になる。事前調査の制度が工事の出来栄えに直結すると考えた方がいい。絶対やってはいけないことは、何度も言うように管理組合がコンサルタント会社に工事の主導権を全て丸投げすることである。お腹のすいたオオカミの前で太った羊が寝ているようなものだ。

第2回は、とにかく次の24年後まで建物の品質を維持することを考えて工事を行い、ある程度は予算をつぎ込みたい。

・第2回の工事予算　1億5000万円（150万円／戸）

……残高　1億800万円

第3回（36年目）

【該当箇所：前回の工事でやり残した部分、
修繕積立金残高：2億5200万円（252万円／戸）】

第2回の工事でかなりの部分を更新しているので、あとはやり残した部分や、材料の耐久性が切れた部分が修繕項目になる。項目としては受水槽、給排水管、屋上防水、外壁である。材料別の耐久性の見解についてはP81、86、87で記した通りである。

受水槽や給水管はこの時点で耐久年数をはるかに過ぎているため、給水管の方式と合わせて考えるべきだ。排水管については詐欺師たちが必ず「全更新を」と言ってくるがその必要はない。屋上防水も2回目で更新工事をしていて漏水が発生していなければ、部分補修でOKで、外壁はコンクリートの中性化防止のために、程度に依るが補修工事はすべきだろう。

他の箇所についてはよほどのことがない限り、この時点での更新工事の必要性はないはずだ。ここも、次の48年目を見越した我慢の時期である。

ただしこの年数になると窓サッシの劣化が大きくなる。個人の部屋の中からも気になる部分だが、窓はマンションの規約上は共用部になるため勝手に修繕することは難しい。各々気になる部分はあるだろうが、そこは住民のアンケートで判断したい。

そして、この年数になると見劣りがするのがデザインである。外壁を塗り替えてもデザインの古さは隠しようがない。住民の同意が得られれば修繕費からデザインの改修も行えるが、機能とは関係のない部分であるためかなりハードルが高いだろう。問題は、住民が自分たちのマンションについてどう考えるかである。

・第３回の工事予算　５０００万円（50万円／戸、受水槽含む）
……残高２億２００万円

第４回（48年目）

【該当箇所：建物全体、修繕積立金残高　３億４６００万円（３４６万円／戸）】

マンションの寿命を１００年以上と考えると、ここでやっと半分だ。躯体の強度については、毎回コンクリートの中性化対策をしていれば十分である。

第２回でかなりの修繕工事をしたとすると、そのときの修繕項目の劣化が著しくなっている時期である。２回目に修繕した全ての項目が対象になる。４回目は基本的には２回目と同じ考えで良いだろう。ここである程度の予算を用意すべきと考える。

・第４回の工事予算　２億円（２００万円／戸）
……残高　１億４６００万円

第5回以降（60年目～）

【修繕積立金残高　2億9000万円（290万円／戸）】

2017年の時点で築60年以上の鉄筋コンクリートの住居マンションはほとんど存在しないが、商業ビルや公共建築では多数残っている。鉄筋コンクリートの耐久性を考えれば当然のことである。

現在築30年のマンションも30年後には築60年になり、日本中に還暦マンションが溢れるだろう。管理組合がしっかりしていて、修繕積立金がきちんと積み立てられているマンションであれば、60年経とうと無駄なお金を使わず堅実に修繕工事を行っていくことで十分住み続けられるはずだ。

5回目以降については、3回目からの繰り返しと考えればいい。偶数回に大規模に工事を行い、奇数回は我慢する。繰り返すが、商業ビルや公共建築で12年毎に修繕工事をしている物件はほとんどないのである。

ここでは、マンションが常に満室であると仮定して計算を行ったが、入居率によっては修繕積立金がこの通りには集まらないだろう。やはり重要なのは、管理組合が自分たちのマンションに応じた適切な修繕計画を立てることである。予算がいくら使えるのか、建物の現状はどうなっているのか。これらをふまえて、自分たちのマンションを護っていってほしい。国交省が公開している「調査項目リスト表」を巻末に掲載しているので、必要に応じて役立てていただきたい。

最後に工事のポイントをまとめておく。

【大規模修繕工事計画のポイント】

①マンションを１００年以上存在させることを目標にする
②2年目の検査で全ての項目が無償で直せるため検査は厳しく行う
③10年以内の保証部分については無償で直すことを考える
④12年毎に工事をするという考えは捨てて、工事までの期間を延ばすことを考える
⑤偶数回で大規模修繕工事をして奇数回は改修工事程度にする
⑥借金をするような修繕計画は立てない
⑦大きな災害や緊急の出費にそなえ、各戸で１００万円程度のお金は準備しておく
⑧不法行為である初期不良については20年以内であれば無償工事の対象となる

工事発注までの正しい手順

大まかな大規模修繕工事のサイクルをふまえて、修繕工事の発注手順について書いていこうと思う。大規模修繕工事は多額の費用を必要とするため、開始するまでにいくつかの手順を踏まなければならない。準備期間としては約3年必要である。

まずその手順を紹介していこう。

1. 大規模修繕工事の準備期間に入る事の周知
2. 修繕委員会の設置
3. 住民アンケートの実施
4. 修繕委員による事前調査の実施
5. 最新の大規模修繕工事の情報収集
6. 修繕の工事項目の内定
7. 総会にて修繕項目の内容を報告

8. 建築コンサルタントの決定
9. コンサルタントと共に工事内容（設計）と工事金額の検討
10. コンサルタントへ調査・設計・積算の依頼
11. 施工会社の内定
12. 総会による大規模修繕工事の承認

1. 大規模修繕工事の準備期間に入る事の周知【総会での事前説明と目標予算を発表】

ほとんどの管理組合では管理規約に「12年ごとに大規模修繕工事を行う」ことが明記されているので、この規約に従い工事の準備に入ることを総会で周知しなければならない。これを怠ると、後で工事内容を決めるときに総会が紛糾するので事前説明は必ず丁寧に行うべきだ。

この時点で目標予算を発表できるといいだろう。ある程度の余裕を持って、上限として住戸数×100～150万円程度と伝えておくといい。

そして、この時に1～11番までの内容を承認してもらう（11番については総会で入札の公募を行った事を伝えて、結果は後日報告のみにする方法もある)。「細かいことは今から理事会でいろいろ決めるけど、流れとしてはこういう風にやっていきます」という説明をして、7番までで1年間というスケジュールも伝えておくといいだろう。住民の中に反対意見を持つ人がいれば、修繕委員会に入ってもらうなり、理事会に出席をしてもらうなりして説明を聞く場を設けよう。また、この時に修繕委員の募集をするとその後の計画が進みやすくなる。

2．修繕委員会の設置【修繕委員会にはプロを入れるべき】

すでに修繕委員会がある場合は問題ないが、ない場合は管理組合において必ず立ち上げてもらいたい。この会が中心となって工事を指導し完成させるのだ、という意気込みが必要だ。立ち上げ時期は遅くとも工事開始の3年前には設置したいのと、住民のメンバーの中には必ず専門家を入れたいところだ。住民の中にいない場合は、大規模修繕工事とは関係のない外部の専門家（アドバイザー）を入れよう。

3．住民アンケートの実施【住民アンケートは最も重要】

修繕計画の立案において、区分所有者である住民の要望は最も重要である。個々の住民の意見を聞く事により思いがけない発見をすることがあるのと、住民総会での承認を得るためにもまず第一に住民の意見を聞く必要がある。

４．修繕委員による事前調査の実施【初めは自分達で調査する】

建物調査と聞くとそれはプロの仕事であって建築コンサルタントを呼んだ方が良いのではないかと考えがちだが、最初の調査は住民の代表でやるべきだ。

何度も言うようだが、住民主体で全てをやりきる気持ちを持って、管理会社や外部コンサルタントはあくまで道具であると考えるくらいでよい。そうでないと専門家という名前の詐欺師に騙されてしまう。

工事が始まって足場がかかれば外壁の全面調査ができるので、この時点の調査では大枠の、そして素人の考えで進めれば十分だ。屋上、外壁、廊下、エントランス、外部、機械室、電気室、そして住民アンケートの指摘箇所などを修繕委員全員で見て回って、そこで思いついた素朴な疑問・意見が正鵠《せいこく》を得ている場合が結構ある。その意見をまとめてから外部専門家を呼ぶのが効率的だろう。私も多くの建物を作り竣工検査を受けてきたが、一番真を突くのはお客様の素朴な指摘である。

これは私の手がけた建物ではないが、ある現場でお客様から最終検査のときに、柱がパンフレットより太いのではないかとの指摘があった。実際に調べてみると、たしかに太かったのである。建物は上階になるほど受ける荷重が小さくなるため柱や梁が小さくなるのだが、下の階と同じに作ってしまったのだ。設計図もそのようになっていたのを失念していたというミスだった。施工会社も設計事務所も建築の人間はまさか柱が太いとは思わないので見過ごしてしまったのである。

5．最新の大規模修繕工事の情報収集【最新の情報を得る】

大規模修繕工事は基本は12年ごとに行うが、12年も経つと以前とは状況も変わっていることが多く、近年の流行がわからなくなってしまっているので最新の情報収集はとても大事である。

情報収集は修繕委員が中心となって行うが、現在はマンション維持管理の冊子や国交省のホームページ、ネットなどに情報が豊富にあるので積極的に収集してもらいたい。また、そのマンションで住戸の販売をしている不動産会社があると思うので、物件をたくさん見て売買している彼らの立場からどんな修繕工事をするといいか意見を聞いてみるのもいいだろう。住戸の価格はマンション全体の価値を決めるものだし、彼らも管理組合とは良好な関係を築いていたいので良い情報を教えてくれるはずである。また、コンサルタント以外の第三者の情報を得ることは有意義であるはずである。

6. 修繕の工事項目の内定

住民アンケート、修繕委員会の調査、最新の修繕工事の情報によって工事の項目（内容）を決めていく。もちろん最終決定ではないが80％は決定すべきと思う。

悪質なコンサルタントは今すぐにしなくてもよい工事をやらせたがるので、この時点で住民の意志をはっきり固めておくことが重要である。

7. 総会にて修繕項目の内容を報告

理想的なスケジュールとしては、ここまでで1年である。総会でこれまでの報告とこれからの予定を報告しておきたい。前の総会で11番までを承認してもらっている場合でも、住民には結果をこまめに報告をするのがお互いの関係性において大切だ。

8．建築コンサルタントの決定【条件を明確にして入札を行う】

自分たちのマンションでどのような修繕工事を行いたいかという指針ができたら、いよいよコンサルタントに依頼をしていこう。

ただ、コンサルタントによる設計・工事監理でなく、施工会社による設計・施工を選択する方法もあるので各管理組合で判断してもらえばいい。本当は発注までの調査・設計・積算と発注後の工事監理を異なるコンサルタントに依頼するのが工事の質の面ではいいのだが、費用が大きくなると思うので、今回は一般的な方法である設計と工事監理をコンサルタントに依頼する条件で考えてみたい。入札で一番安い事務所に頼むのが、総会で住民に納得してもらいやすいため、次のように条件を明確にして入札を行う。

①担当者が有資格（1級建築士）で、10年以上の経験年数の者

…コンサルタント会社は1級建築士事務所であっても担当者が有資格者でない場合がある。建設業の技術習得は経験が必要なため10年の年数がほしいところ。

②調査・設計・積算・監理業務の内容を明確にする

…調査と設計と積算は業務が明確であるが、工事監理は内容が曖昧なので明確にするために、監理書類の作成・提出（材料検査立ち会い・施工検査立ち会い等）を条件に入れる。

9. コンサルタントと共に工事内容（設計）と工事金額の検討【管理組合の意志を明確に】

コンサルタントが決まったら、管理組合は工事の発注者として工事の内容（設計）について明確な指針を示さなくてはならない。

悪質コンサルタントの基本的な手口は工事量を増やすことによって工事費を上げ、施工会社からバックマージンをもらうことである。コンサルタントの言いなりになって、設計段階で工事量を増やすようなことはよほどの事がない限りしてはならない。そしてこの時に一番重要なのは、工事金額の概算を決めることだ。基本的にコンサルタントには工事費をあらかじめ伝えてその中で納めるように指示すべきである。

10. コンサルタントへ調査・設計・積算の依頼【設計・積算資料は誰でも作れる】

コンサルタントは施工会社に発注するために設計・積算資料を作成する（一般的に「単抜き」と呼ばれる単価が無い書類）。この書類作成、一見すると難しそうに見えるが、実はそうでもない。建物完成時に引き渡しをされる竣工書類に、当初設計ではタイル貼りが何㎡、吹付が何㎡、防水が何㎡という建物の仕様書と設計数量が入っている書類がある。これを参考にコンサルタントは設計・積算するが、ほとんどの場合はそれをコピーするだけだ。これを設計・

積算業務と言えるかは疑問だが、ここで作った書類をもとに工種別の単価を入れて見積書ができるため重要な業務であることは間違いない。管理組合もこの書類はよく見るべきで、数量が増えていないか、単価も極端に高くないか目を光らせる必要がある。

単価については『月刊　建設物価』という本があって、その中に全国の都道府県別の平均単価が書かれていてそれを参考に入れることになるため、管理組合も参考資料として購入して損はないだろう。ただし、あくまで参考資料なので実際の単価とは違う場合もある。

「自分でもできそう」と思った方は、感覚として正しい。竣工書類と『建設物価』があれば、設計積算資料はやろうと思えば誰でも作れるのである。修繕委員会でほとんどの資料を作り、コンサルタントには確認と間違い探しだけお願いすれば、設計積算費用を抑える事ができるのではないだろうか。

ここで一番注意しなければならないのは、悪徳コンサルタントが自社で調査・設計・積算をしないで、懇意にしている施工会社に丸投げする場合である。その施工会社がそのまま工事も受注するわけで、監理者であるコンサルタントの意のままに施工会社はあくどいことをさせられる可能性もある。

11　施工会社の内定【入札条件を厳しくしない】

コンサルタントが作った単抜き（金額欄が空欄）の数量書を公開して入札によって施工会社を選ぶわけだが、入札条件をコンサルタントが厳しくしすぎる場合があるので注意したい。「施工会社は規模の大きい会社の方が安心して任せられるので、資本金1億円以上や従業員100人以上の会社にしましょう」とやたらアドバイスしてきたら要注意である。「近くの会社のほうが何かと便利だから地元の業者にしましょう」と了見を得たアドバイスに聞こえるが、施工会社とグルになっている可能性が捨てきれない。入札のハードルを上げることで他の多くの会社を排除し、コンサルタントの息がかかった業者が選ばれることになる。ハードルを上げすぎなければ多くの会社が入札して、公正な競争が生まれ、工事費を安く抑えられることもある。

極論を言うと、修繕工事の大部分を占める塗装、防水、タイル補修工事であれば従業員が5名程度の会社でも問題なくできるし、直接塗装工事会社に発注することもできるので入札のハードルは上げない方が良い。私の知り合いの会社でも、従業員10名以下で大規模修繕工事をしている会社がある。また、当然ではあるが適切な資格を持った技術者をきちんと置くなど建設業法を順守した会社を選ぶようにする。

12．総会による大規模修繕工事の承認

1～11までが決定したら、再び総会で報告し工事の承認を得ることになる。承認は工事開始の半年～3ヶ月前までに得られるのが理想的だ。住民に工事の内容・方法を理解してもらう周知期間が必要となるため、余裕を持ったスケジュールを組みたい。

工事中の注意点

いよいよ工事が始まるが、コンサルタントと施工会社に全てお任せというのではいけない。工事について以下の事を注意したい。

1．法律を順守した工事を行ってもらう

精度の高い工事を行うには、法律に基づいた工事監理と管理を徹底しなければならない。何を当たり前のことをと思うかもしれないが、素人相手だと思って平気でサボるコンサルや施工会社が存在するのである。設計事務所には「建築士法」を、施工会社には「建築業法」を順守させよう。

とはいえ管理組合の理事や修繕委員が毎日現場に行くわけにはいかないので、工事着手前と工事中の注意点を挙げていく。建築コンサルタントと施工会社に対し次のことをするだけでも、管理組合にはそれほど負担がかからず工事の精度が上がる方法である。

2．建築コンサルタントに対する注意事項

①工事監理の現場担当者の資格を確認する

大規模修繕工事は、新築工事とは違って確認申請は不要だが、コンサルタント会社に工事監理を依頼する以上は新築工事と同様の監理契約を結ぶ。工事監理業務は「建築士法第2条第8項」で定義される建築士の独占業務になる。

つまり建築士でなければ監理業務はできないのだが、実際に現場に来る担当者が無資格者の場合もあるので注意が必要だ。ブラックジャックのように無資格でも腕の良い人はいるだろうが、それとこれとは話が別である。

②書類提出により監理業務を明確にする

工事現場で工事監理をするのが建築コンサルタントで、工事管理をするのが施工会社である。工事監理とは「工事施工者の行う工事が設計図書の内容に適合しているかについて、設計図書に定めのある方法による確認のほか、目視による確認、抽出による確認、工事施工者

から提出される品質管理記録による確認等、確認対象工事に応じた合理的方法によって確認を行う」こととされている。

では、具体的に何をするのか。私の経験から言えば、新築工事の場合は現場に来るのは定例会議と配筋検査、コンクリート打設の立ち会いだけで、その他は施工会社にお任せの設計事務所がほとんどだった。修繕工事では配筋検査もコンクリート打設もないので、そうなると来るのは定例会議のみになる。コンサルとしては監理契約さえ結んでしまえば、10回来ても１００回来ても金額は変わらないし、監理される施工会社も来ないならそれで文句は言わない。しかし、施主からすればきっちり仕事をしてもらわなければならない。

方法としては、コンサルタントに工事監理計画を提出させることだ。この書類には【材料承諾】【材料確認】【施工状況確認】【施工完了確認】の4項目を書いてもらう。これについて現場ではどのような時期、判定基準でこれらを確認するかを明確にするのだ。もちろん【材料承諾】以外の立ち会い書類はすべて写真が必要となり、監理者であるコンサルタントの人間が写真に入るのは必須である。管理組合としてはこの書類が時系列に適切に作られ提出されているかを確認するだけで良いので、それほどの負担はないだろう。

1　材料承諾　…見本の提出
↓
2　材料確認　…立ち合い写真の添付
↓
3　施工状況確認　…立ち合い写真の添付
↓
4　施工完了状況確認　…立ち合い写真の添付

監理業務のチェックポイント
この４項目について工事監理書類を提出してもらう

③工事監理の工程を書類で提出させる

先ほど挙げた4項目をふまえた修繕工事現場の監理と管理業務のフローチャートは図の通りだ。このフローチャート毎に記録と写真を残す事で精度の高い工事にすることができるのである。以下の書類を制作するのは施工会社で、監理者はその書類に基づき立ち会い業務を行うことになる。

書類のひな型は本書の最後に入れたので参考にしてもらいたい。

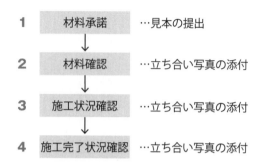

1．材料承諾（書類名：材料承諾願い）

発注時の設計の段階では具体的な商品名は書かないのが普通で、施工会社が決まった段階で材料の見本を提出してもらい、施主の意向を確認の上で決定となる。監理者の役割は、決定された材料の承諾である。ただし、設計の時点で材料メーカーの指定がある場合は少し怪しいと疑う方がいい。コンサルタントがメーカー指定することでバックマージンが動いている可能性があるからだ。

2. 材料確認（書類名：材料検査願）

決められた材料が現場に入った時点での確認作業。材料承諾の書類に書かれたメーカー名の確認と数量の確認をする。材料は新品を入れるのが当然であるが、業者の倉庫に余っている他社の材料や古い材料を持ってくる場合もあるので必ず確認が必要だ。確認の際は納品書の数量を見ればわかる。

3. 施工状況確認（書類名：工事施工立会願）

標準仕様書（施工要領書）に書かれている手順で施工されているかの確認作業。監理者（コンサルタント）は現場の状況（天候・気温等）と材料の使用状況を確認する。

4. 施工完了状況確認（書類名：工事施工検査立会願）【3の書類と同じ形式】

工事完了の確認で出来栄えや傷や汚れの有無の確認作業。

5. その他にも工事の種類によって、施工（制作）図承諾願や検査報告書の提出等がある。

3. 施工会社に対する注意点

①現場監督の資格と常駐の有無を確認する

施工会社が決まるとその会社の営業と工事担当が決まるが、一番大切なのは現場監督の能力と資質である。建物を作るにあたり、与えられる材料は同じでも作り手によって仕上がりは全く別のものになる。プラモデルでも下手な者は設計図をろくに読まないでなんとなく作ってしまい、形が歪んでいたり接着剤がはみ出したりするが、上手な人は設計図をよく読み込み、カッターやサンドペーパー等を使って部材を丁寧に扱い仕上がりが綺麗になる。どんな有名な建設会社であっても担当者の腕次第で出来上がった建物の状態は悲惨なものになる。2015年にニュースになった、横浜の傾いたマンションはその一例だ。

現場担当者が決まったらその人の経歴書を提出してもらい、資格の有無と常駐するかどうかを確認しなければならない。資格のある人間の経歴書を提出しておいて、別の人間が現場の常駐担当者になる事がある。資格のある人間はいくつもの現場を掛け持ち、常駐しないのだ。

法律や資格の項目で触れたが、請負金額によっては監理技術者を現場に専任で位置しなければならないと定められている。主任技術者ないし監理技術者になるためには資格または経験年数が必要になるので、経歴書の確認は必須だ。

②施工計画書および要領書を提出してもらう【管理組合の本気度を伝える】

施工計画書は公共工事であれば必ず提出義務のある書類である。内容は国交省が監修した「公共工事標準仕様書」に基づいて作らなければならない。

施工会社には工事を開始する前に必ず全体の総合施工計画書と工事別の要領書を提出してもらうのだ。そしてコンサルタントにチェック、承認してもらい、書類は管理組合に提出させる。

書類は建築の専門用語で書かれていて、読んでもわからないと思うかもしれないが、よく目を通してみるとそれほど難しい内容ではない。一人で全て読み込むのは無理だろうが、理事か修繕委員が１人１工事を担当すればそんなに負担ではないだろう。防水、塗装、タイル……と分けるのである。

たとえ読むのが面倒でも、大事なことは書類を作らせて提出してもらうことにある。内容は他の現場のコピーであったとしても、書類として残る事が大切で、彼らはその内容に従うほかない。書類を残せば数年後に問題が出ても証拠になり、内容を無視して工事をすれば不法行為である。そのことによって管理組合の本気度が伝わりコンサルも施工会社も対応が違ってくるのである。

③施工状況写真の提出【写真の提出で施工会社に正規の工事をさせる】

修繕工事の場合、どうしても工事は専門業者任せになるが、それを防ぐために施工状況写真を提出してもらおう。

工事監理の工程で述べた1～4の各工程の立ち会い書類は、施工会社が作ってそれをもとにコンサルタントが立ち会い検査をして写真に残すという手順だが、枚数としては各工程に1枚しかない。これでは施工状況を完全に把握しているとは言えないので、施工会社にも各工事の工程の写真を提出してもらうのだ。この依頼があれば施工会社は嫌でも教科書を読まなくてはならなくなり、正しい手順で工事をすることになる。

また、その時に黒板（工種名）が入った写真を提出してもらうが、そのほかに適当に現場の写真を撮っておいてもらうといい。工事ごとに５～10枚程度で十分だろう。住民にとってはその書類や写真の良し悪しはあまり判別できないかもしれないが、それでも記録に残すことが大切なのである。いい加減な管理をしている場合はいい加減な写真しか残らないものだ。工事終了後、不具合が起きた時にこの写真が生きてくる。

4．追加工事の対応

工事中には必ず追加工事が発生すると考えるべきだ。当初の計画は外部足場がかかっていない状況で考えたものであり、実際に工事が始まり足場から各部分を調査していくと、新たに不具合を発見する場合がある。

しかし、そこが詐欺師にとって一番の稼ぎどころでもある。管理組合としては本当にこの追加工事が必要かどうかを検証しなければならない。工事の是非については本来コンサルタントが判断すべきであるが、一番いいのは利害関係のない専門家（アドバイザー）に判断してもらうことだ。

追加工事の金額については、本工事と同じ項目であれば同じ金額になるので問題ないが、異なる項目であれば相手の言い値になってしまいかねない。追加工事の価格についても本来はコンサルタントがチェックしなければならないが、ここでもやはりアドバイザーの意見を聞き、必ず相見積を取るようにしたい。雑小工事でマンションに出入りしている業者がいると思うのでその会社にも見積もりをしてもらい安い方に依頼するのがいいだろう。

ただし、外部足場を使用しなければならないような工事の場合は、元請業者が意地悪をして足場を使わせないとか、使用料（賦金《ぶきん》）を取る場合もある（違法ではない）ので、あらかじめ契約時に、管理組合が別途発注する工事については足場などの仮設を無料で使用できる項目を入れておくと入念だ。足場は請負金を払うまでは業者の物であるため、別途業者が使用する場合は賦金と呼ばれる使用料を払う習慣が業界にはある。

5．竣工検査の注意点

いよいよ最終検査になるが、第1章でも書いたように、とんでもない納まり（仕上がり）のまま完了させる場合があるので注意しなければならない。ここでもアドバイザーが必要である。もしいない場合でも、素直に疑問に思うことについて意見を述べればよい。

工事のチェックは専門家の仕事だから、と最初から丸投げにしてしまうことは楽ではある。しかし、その弊害は大小さまざまな形となって現れかねない。

工事が行われるのは自分たちのマンションである。自分たちの資産である。工事監理の担当者がいかに信頼できる人物であっても「すべてお任せします」というのではなく、少しでも関心を持つことで守れるものがあるだろう。

第5章

快適な暮らしのために見直したいポイント

その管理費は適正なのか

管理費はマンションの共用部を快適な空間に保つために使用する名目で徴収される。その管理内容はマンションによって異なり、管理内容によってその金額が決まっているだろう。一般的には次の通りである。

①修繕積立金と管理費の徴収および管理
②共用部の清掃・維持・管理
③ゴミ出しの補助（ゴミステーションの清掃・管理）
④理事会・総会の準備補助

管理費の金額については国交省が調査し公表したものがある。「平成25年度マンション総合調査」に詳細が載っているので興味があればネットで見てほしい。

例えば、戸数規模から見ると21〜30戸のマンションであれば、管理組合に入る月額管理費は100万円以内に収まるところが8割を超えるが、マンションによって管理条件や設備内容が違うので一概にこの数字を当てはめる事はできない。管理人が常駐しているか、共有設備にどんなものがあるかなどで変わってくるため単純な比較はできない。

ではどうすべきかと言うと、やはり他の管理会社との見積もり比較しかないだろう。他の管理会社でも見積もり依頼をすればすぐに出してくれる。しかし、評判の悪い管理会社もあるため、地域の横のつながりやネットワークを駆使して各管理会社の評判を聞き取るのがいいだろう。私も、全国的に管理戸数が上位の会社でも悪い噂を同時に数ヶ所から聞いたことがある。

エレベーターの定期検査を見直す

第1章で少し書いたが、私はこの件については声を大にして言いたい。

エレベーターは所有者である管理組合と保守点検業者の間で年間の保守点検契約が結ばれており、それに従い保守点検が行われるが問題はその内容である。私たちのマンション（5階建て）でも5台のエレベーターがあり月に20万円、年間240万円で契約している。契約内容は次の通りだが、調査した結果、5年間で1000万円近くが無駄になる契約だったのではないかと思われる。

①年1回の特定行政庁への定期報告
②3カ月ごとのフルメンテナンスによる保守点検業務
③遠隔操作による24時間監視

①については法律で決まっているので仕方がないが、この法律はエレベーター業者に便宜を図っているように思えてならない。これは国交省の昇降機の維持管理に関する指針には書かれていないが、建築基準法で年1回の定期報告が決まっている。どんなエレベーターでも、つまり商業施設で1日100回以上使う機械も住戸専用マンションで1日数十回しか使わない機械も、定期検査の回数は同じだ。本来であれば使用頻度によって決めるべきではないのだろうか。日本中の管理組合のネットワークで声を上げるべきである。

②の保守点検業務については、財団法人日本建築設備・昇降機センターの指針の第12条に「おおむね月に1回ごと」とあるが、この指針は建築基準法には何も書かれていない。他のマ

ンションでは指針通りに月１回の保守点検を行っているところもあるのではないだろうか。

この件について、財団法人日本エレベーター協会にメールで問い合わせをしたところ、「保守点検については法律で決まっているわけではないので、所有者と点検業者との契約によるもので協会としては関与はしていない」との回答であった。つまり保守点検業務はしないでもいいということだ。年１回だけ定期検査をして特定行政庁に報告すれば、法的には全く問題はないのである。

私たちのマンションは５年前にエレベーターを新設したが、それでもその３か月後に契約に従い点検業務をしているのである。無償の初期不良の点検業務であればわかるが、有償の点検業務である。自動車でも新車であれば３年間は車検なしではないか。この点をエレベーター設置の代理店の営業マンに電話で確認した。
・新設の場合、エレベーターの保証期間は１年で、その間の故障については無償
・新設エレベーターは無償で３か月間は毎月点検する
・保守点検業務は４か月目から有償点検に入る
・定期報告義務のある年１回の点検のみを行う業者はいないだろう
以上の返答が来たが、これはいかがなものだろうか。新設でも４か月後には故障の不安が

あるのだろうか。新設のエレベーターには1年無償で保証がついているにもかかわらず、すぐに有償点検をするというのは住民にとっては不利益になるように思う。日本の高品質の機械はその程度のものなのだろうか。それ以上に不服に思うのは、定期報告のみの点検業務はしないという点である。エレベーターの点検資格を振りかざして、無理やり契約を迫られているようなものである。

点検内容は2種類ある。フルメンテナンス（FM）契約とパーツ・オイル・グリス（POG）契約である。

FM契約は、点検、調整部品の交換などエレベーターを最良の状態に維持するために必要なメンテナンスのすべてを、契約料金の範囲内で行う。その分料金は高くなる。

POG契約は、機器・装置の点検、清掃、給油、調整など部分的に行う契約で、部品の交換や修理工事をする場合は別料金になるため契約額は安くなる。しかしエレベーターの営業マン曰く、「POG契約をすると頼んでもいない機械の交換を業者が言ってくるので、長い目で見るとFM契約のほうが絶対お得ですよ」という。そんなことがあるだろうか。

ただし、契約で注意しなければならないのはPOGからFMには途中で切り替えができないことである。ＦＭは積立保険の様なものという考え方である。

先日、エレベーターの３か月点検があったので立ち会うことにした。また、５年間でどんな整備が行われたかの報告書が管理事務所にあるので確認してみた。

結果は、５年間で部品の交換は０回、故障で何か作業した事もなかった。つまり5年間は保守点検する必要性は高くないのだ。定期報告のために年1回、その2か月前に点検するだけで十分だったのである。保守点検業務も5台を2人で行い1日で終わる仕事であった。計算すると1回の点検業務で60万円、２人で1日の売り上げが60万円である。それで年間２４０万円、５年で１２００万円。

私も理事長として保守点検契約の印を押しているが、痛恨の極みである。少なくとも5年間の点検費用は年1回の40万円程度におさめ、５年間で２００万円というのが妥当だっただろう。立ち会いのとき、エレベーターの保守点検の人に「5年で部品を交換するようなことがあるのですか」と聞いたが、少し考えて「消耗が一番激しいバッテリーでも3年はもつと思います」との実に正直な回答があった。

私たちのマンションのエレベーターは5機で５６００万円だった。1機１１２０万円なので、ＦＭの費用とほぼ同じである。物価変動はあるにしてもかなり高い気がする。

保守点検については各マンションで契約する事になるが、すべての内容を理解して納得したうえでの契約ならばいいが、なんとなく業者の言葉に流されて契約しているのであれば、早急に見直すべきだ。

どうしてもフルメンテナンスで点検したいのであれば、メーカー系の点検業者ではなく独立系のメンテナンス会社を選択する考えもある。メーカー系より間違いなく安い金額を出してくるだろう。部品の調達についても以前はメーカーが意地悪をしたようだが、今はそれらの行為は独禁法に触れるため、問題はなくなったようである。

③の遠隔監視による24時間監視であるが、本当に必要なのだろうか。エレベーターに何らかの事故があったときにエレベーターの管理会社に発報連絡する行為は、遠隔監視とは関係ない別の契約である。遠隔監視といってもエレベーターの動きをコンピューターが記録して、月に1度夜間に自動運転を行い停止箇所等の確認をしているだけである。安心を買うといえばそれまでかもしれないが、あれだけのお金をかけてする必要があるとは私は思えない。

では、住民はエレベーターに対してどのように考えるべきだろうか。

・新築物件であれば5年から10年は年1回の定期報告のための点検のみで十分だろうが、

そのような契約をしてくれる業者はいないかもしれない
・どうしても保守点検をすることにしても、４か月に1度でＰＯＧ点検にする
・点検会社は独立系も必ず候補に挙げ相見積もりをとる
・ＰＯＧ点検で部品の価格が心配であれば、保険をかける方法もある
・心配であれば管理事務所にエレベーターの保守点検記録があるので確認する
・管理組合同士の横の繋がり、ネットワークがあるので他のマンションの記録を参考にして保守点検の内容と回数を決める
方法としてはこれらのことが挙げられるだろう。私が一番物申したいのは管理会社である。保守点検は管理会社を通して契約をしていることが多く、部品の交換時期などいくらでもデータ化できるはずだ。管理会社の責務とは何だろうか。

その他の機械の管理費についても再考が必要と思われる。特に給水ポンプは年1回の点検で部品を取り換える契約もあるようだが、ポンプ自体は機械室に設置されており、多少水が漏れても動いてくれる。メーカーに聞いたが年単位のメンテナンスではなく使用頻度によるメンテナンスで十分であるとのことだった。ただ一般的に回答すると年単位のメンテという

ことになってしまうのである。

大切なことは自分たちで問題意識を持ち、業者の言うことに疑問を持つことである。

マンションに見合ったマンション保険を選ぼう

マンションの保険については、共用部には管理組合が掛けているマンション保険が、専有部には居住者が掛けている保険がある。居住者の中には共用部の保険があれば専有部の保険は必要ないと思っている人がまれにいるが、そうではない。災害に対しては両方の保険が必要である。特に近年の地震の被害から推察すれば、地震保険の必要性は言うまでもない。

地震保険は火災保険の特約で、加藤晃氏（愛知産業大学教授）の調査結果によると、地震保険の加入率は31％（「損害保険研究　第75巻第2号、２０１３年8月」）であり、きわめて少ないと言わざるを得ない。

マンションは区分所有法が規定する、区分所有者が所有する専有部（部屋空間）と、躯体・壁面・エントランス・廊下・エレベーター・非常階段などからなる共用部で構成されている。建物の価値は、一般的には専有部4に対し共用部6の割合である。

	A社（外国）	従来の補償額と同等＋地震保険		
		B社（日本）	C社（日本）	D社（日本）
火災時の建物補償額	18億966万円	3億4400万円		
マンション共用部賠償特約保険額	1億円	1億円		
居住者包括賠償特約保険額	1億円	3000万円		
地震保険の補償額	5億4290万円	1億7200万円		
免責額（被災者自己負担額）	0円	各補償に免責　5万円		

各社の内容別の補償額比較

	1年分	1年分（5年分一括払いから計算）		
	A社（外国）	B社（日本）	C社（日本）	D社（日本）
基本保証部分の保険料	5万7960円	116万404円	116万8294円	197万9752円
地震保険の保険料	110万2080円	30万9944円	30万9944円	30万9944円
合計	167万3040円	147万348円	147万8238円	228万9696円

各保険会社の保険料比較

大震災で被災した場合でも地震保険に加入していれば保険により復旧できる可能性があるが、専有部は個人の保険で、共用部は管理組合の保険で対応することになる。私としては個人も地震保険に入るべきと考えるが、それは個人に判断を委ねたい。しかし、管理組合でも地震保険の加入は必須と思われる。

そして、ここからが本題である。保険に入っていればそれで安心なのか、考えてもらいたい。まえがきにも書いたが、私たちのマンションでは保険会社を変えることにした。その理由は保険の金額も大きいが、その内容である。右のページに比較表があるので、参照しながら読んでいただきたい。

比較の結果、新しい保険会社はA社となった。元の保険会社はD社で、他の日本の会社と比べても話にならないと言っていいだろう。災害時の保険金額が火災では約13億円（5・26倍）、地震時は約3・7億円（3・15倍）違うのである。保険の掛金は日本の2社が20万円ほど安いが、補償額を考えたらA社は十分安いと言えるだろう。

次の項目でも述べるが、日本の地震の最大震度の想定は7である、震度7でも新耐震構造の建物が崩壊するとは考えられない。それは先の熊本地震でも証明されている。そのため大切なことは、地震後に傷ついた建物を補修することだ。そのとき、保証の金額が大きいほど補修の額も大きくなる。

大規模震災にマンションは耐えられるか

日本は地震大国である。東日本大震災、熊本地震、大阪府北部地震、北海道胆振地方地震など、ここ数年でも震度7規模の地震が何度も起きている。自分たちのマンションは大規模地震に耐えることが出来るのかどうかは住民の一番の関心事だろう。ここではマンションと地震と修繕工事について考えてみたい。

まずは、熊本地震直後にT新聞に掲載された私の書いた記事を参考にしてほしい。

「熊本地震の報道によれば、最大震度7である。これは関東大震災や阪神大震災や東日本大震災と同程度である。15日のテレビ報道映像を見る限り、新しい建物のうち、甚大な被害にあったものはかなり少ないように見える。マンションの廊下が壊れた映像があったが、専門家からすると建物の耐震性とは別の部分である。

1978年の宮城沖地震の教訓から、81年に建築基準法の耐震規定が大きく改正され、現在の新耐震基準となった。95年の阪神大震災では、新耐震の建物の9割は被害がなかったという。報道機関には、日本の新しく耐震化された建物は安全であることも正しく伝えていた

だきたい。」（２０１６年４月）

「熊本地震の被害で、日本建築学会の九州支部の調査によると、熊本県益城町で五一棟の新耐震基準の木造建築が全壊しているという報道があった。震度７が連続して起きたことが原因と推定しているようであるが本当なのか。現在の建築基準法では、木造２階建てで在来工法の五百平方メートル以下の建物は確認申請に於いて構造計算書及び構造図は添付しなくとも確認済み証は発行され建築できる。鉄骨造でも平屋二百平方メートル以下であれば同様で、新耐震基準とはいっても公的機関が構造を審査したわけでもないのだ。このことが木造建築の全壊に影響しているかもしれない。一生に一度の買い物である住宅の審査がこの程度で良いのだろうか」（２０１６年５月）

　大規模構造になるマンションであれば構造計算はしているはずなので心配はないが、木造２階建てや鉄骨の平屋で小規模の建物は注意が必要である。ハウスメーカの住宅ならば各メーカーが独自に構造計算をしているので、これは心配する必要はないだろう。

新耐震基準構造のマンションであれば大丈夫

日本では地震の強さについて震度とマグニチュードの両表記で表されているが、外国の地震報道をみるとマグニチュードのみである。外国にも震度と同じような単位があるのだが、日本の震度の値と同じでないため報道されないのである。

日本の震度は現在は「計測震度計」で測られ、0・1・2・3・4・5弱・5強・6弱・6強・7の10段階で表される。震度計がない場合は、お寺に行き、石墓の倒れ具合と木造家屋の状態で震度測定をする。

新耐震基準は1978年の宮城沖地震の教訓から作られた。宮城沖地震は最大震度5であったにもかかわらず多くの死傷者（28名）と建物の崩壊（半壊7400戸）を招いた。

新耐震基準は、「震度6強から7に達する大規模地震で倒壊・崩壊しないこと、および震度5強の中規模地震ではほとんど損傷を受けないこと」を基準としている。旧耐震基準では「震度5で倒れないこと」としているので、大きく進化している。ちなみに、新耐震基準の「ほとんど損傷を受けないこと」とは躯体にヒビが入る程度を指す。関東大震災は震度6強だったとされ、地震による火災が原因で多くの被害を出したのだが、当時の写真を見ると焼野原の中に当時の耐震基準で作られた旧帝国ホテルなどの鉄筋コンクリートの建物が残っている。

宮城沖地震で被害が大きかった建物は、１階が駐車場で柱しかなく上部の荷重を受けきれなかった建物（熊本地震でも写真を見るとそのような古い建物があった）や、構造体でない雑壁が構造体の柱の動きを邪魔して柱をXせん断させた建物、また地盤が悪く崩壊した建物であった。その時私は仙台の大学に通っており、大学の建物は崩壊しなかったが柱があちこちでXせん断を起こしていた。アパートに帰ったら、鉄骨だったので建物は無事だったが部屋の中が滅茶苦茶になっていた。

阪神淡路大震災のときも、新耐震基準で作られた建物はほとんど倒壊しなかった。詳細な報告書は国交省のホームページにも掲載されているので興味ある人は参照されたい。

１９８１年度から開始された新耐震基準は大きな変化のないまま今日に至っている。熊本の地震は最大震度7とされているが、新耐震の鉄筋コンクリートの建物で倒壊・崩壊が確認されたものは報告されていない。しかし新耐震基準の木造家屋の倒壊・崩壊が多数確認されているし、写真の確認だけだがブロック塀の倒壊も見られた。

自分達の建物が新耐震であるかどうかを確認するには、竣工検査書類の中の建築確認済証を見て交付日が１９８１年6月1日以降であれば新耐震建物である。日本において新耐震の建物であれば地震に対しては安心できると言えるだろう。

ただし、「免震」や「制振」構造という地震の揺れを少なくする構造があって、新耐震だからといってそうした揺れに対して強い構造であるとは限らないため、家具や電気製品の転倒についてはきちんと対策したほうがいい。

旧耐震基準の建物はどうすべきか

旧耐震基準の建物に住んでいる場合はどうすべきかというのは、難しい問題である。引っ越してください、耐震補強をしてくださいと言うのは簡単だが、その決断をするのは大変だ。いろいろな事情でそこに住み続けるしかない人もいる。

私も無責任なことは言えないが、あえて無責任に言わせてもらえるなら、構造のバランスを重視して対策するといい。構造はバランスがすべてである。形状が左右対称で四角形で箱のような形をした建物で、1階まで住居であり同じ形で最上階まで柱や壁がある建物であれば、耐震性はかなり高いと言えるだろう。ただし、1階が駐車場のような柱だけの空間で2階以上が住居の場合は要注意である。阪神淡路大震災でも熊本地震でも、1階の駐車場部分がつぶれ傾いた建物があった。

柱だけの空間のある建物は地震に弱いので、そのような建物は1階だけでも耐震補強をすればかなり丈夫な建物になるだろう。どうしても正確な耐震性を知りたいのであれば、耐震基準調査をしてもらうのがいい。

怖いのはブロック塀だけではない

この本を書いている途中で大阪府北部地震が起き、プールのブロック塀が倒れて小学生の女子が死亡、また他の場所での80歳の男性の死亡が確認された報道があった。ＴＶの映像で見る限りではあるが、プールの塀は現在の基準ではないブロックの積み方であり地震で倒れて当然の塀である。その下が登校の通路になっているなど言葉も出ない。

こうした一件もあってかブロック塀の倒壊についてやっと行政が動き始めたようであるが、遅きに失したと言わざるをえない。宮城沖地震でも同様の死亡災害が起きており、それから38年後の熊本地震でもブロック塀の崩壊が見られた。やはり死亡災害が起き訴訟になっている。行政は38年間何をしていたのだろう。

一昨年、理事長として川崎市の防災会議に出席しブロック塀の危険について質問したが、防災マップには明記されていなかった。学校の通学路にブロック塀はよく見られるが役所の人間では危険個所を見つけることには時間がかかるので、同席していた小学校や中学校の校長先生に、「学校の自由研究で、せめて通学路のブロック塀の位置を子供たちに調べさせたらどうですか」と言ったら「自由研究は個人の勉強なので強制することはできません」との答えだった。そんなことは百も承知で言っているのだが、子供の安全を考えて指導すればいいのではないか。その時はいまだその程度の認識だったのである。

怖いのはブロック塀だけではない。万年塀と石塀もである。

万年塀とはコンクリート製の、柱を立ててその間にコンクリートパネルを差し込んだ塀であるが、基礎が柱の部分しかなく地盤沈下したり傾いているのをよく見かける。また、石塀（薄緑色の大谷石が多い）は宮城沖地震でも倒壊していたのを見た。倒れ方は麻雀のあがりのロンの形そのもので、石の塀がそのまま全体で倒れるのである。ブロック塀ほどの高さはないが、重量があるため身体の小さい人や身体の弱い人がその下敷きになれば重傷は免れないだろう。近所を歩いて写真を撮ったが、次ページのこれら3つの塀はかなり危ない。

①は見るからに危なく、建っていること自体違法のような気がする。②は見た目はしっかりしているように見えるが、塀の高さがあり、上部のみ大谷石になっており地震で崩れた場合は上部の大谷石のみ倒れるのではないだろうか。ここが通学路でなければいいが、自治体

は何もしていないのだろう。③も同様で、大谷石のみで建てられているがこれも高さがあり地震になれば全ての石が崩れてくるのではないだろうか。

ブロック塀だけでなく万年塀や石塀についても行政は危険個所の疑いをもつべきである。

①万年塀。崩れかかっている

②大谷石の石塀。厚みがある分安定するが、ブロック塀と異なり鉄筋が入っていない

③大谷石の石塀。高さがあるため大きな地震があると倒壊する恐れもある

住宅を建てる土地を見極める

熊本地震についで北海道地震でも震度7が確認された。今後は、もう日本では震度7を想定して地震対策を考えなければならなくなったと言えるだろう。報道で見る限りではあるが、北海道地震でも新耐震ではない建物には大きな被害があったようである。

この地震では地盤の液状化が問題になっている。液状化により住宅が傾き、道路が沈下しているようだ。地震による地盤の液状化現象は半世紀以上前の新潟地震でも確認されている。地下の水位が地震振動によって上昇し、地盤に水が溜まって地耐力をなくし、住宅が基礎から傾いたのである。特に被害が大きい場所は、水田があった場所を住宅地に造成した場所のようである。

液状化現象については土木の学会でかなり研究されているはずで、水位が高いと思われる造成地の住宅建設についての基準がないのはどうなのだろう。自己責任とするのなら、行政として50年近く何もしていないのと同じである。高価な基礎の地盤改良まではしなくても、べた基礎に松杭を打つだけでも違っていたのではないだろうか。

私見ではあるが、液状化については他人事と思っていると大変なことになる。特に東京都の都心は埋立地が多くあり、現在は井戸による水のくみ上げが制限されているため、平均水位がかなり上がっている。豊洲の地下水が下がらないのもこれが原因だと考えられる。東日本大震災の時も舞浜で被害があったが、より東京に近い場所での地震の場合は震度で倒れるのではなく、液状化で傾く住宅がかなりあるのではないだろうか。

これから個人住宅を建てようと考えている人は基礎について設計者や施工会社とよく相談したほうが良いだろう。また、水害や土砂災害については本当に気の毒なことであるが、山を背負った土地は危険であり、宅地造成すべきではなかったと私は考える。どうしてもその場所に建てなくてはならない場合なら、鉄筋コンクリート（ＲＣ）造か頑強な鉄骨造にすべきだっただろう。せめて１階部分だけでもそのようにして、１階は車庫や倉庫に、２階以上に居室を作るようにする方法もある。ただ税金が高くなるため行政の努力は必要だろう。

町内会からの脱会

日本には町内会という自治組織がある。管理費のなかに町内会費があり、住民は毎月300円程度を納めているが、積もり積もればこれが結構な金額になる。町内会がしっかり機能しマンション住民のためになっているのであれば問題ないが、私たちのマンションが入っている町会は全く仕事をしないで、お金と人的負担を住民に求めている町内会であった。なので、私が理事長の時に町内会を脱退したが全く困らなかった。脱会しただけで新たに会を作ったわけではない。その町内会の主な仕事は防災訓練と赤い羽根募金、そして運動会であったが、防災はマンション独自の防災組織があり、募金は独自にしてもらい、運動会も誰でも参加OKの大会だったのでほとんどのマンション住民にとって何の問題も無かった。

それより大きいのは、資源ゴミの回収の還付金が町内会でなくマンションに直接入ってくるようになったことである。手続きは簡単で、市役所で変更申請すればよいだけである。地域によってさまざまな種類のゴミがあるが、私たちのところは新聞、本、段ボール、ビン、古着がある。100戸であれば、町内会費で出ていくはずだったお金も加算すると年間収入が１００万円近くになる場合もあり、管理組合にとって大きな収入源になる。

なにより一度登録してしまえば、住民はいつも通りゴミを出すだけで黙ってお金が入ってくるのだから負担はないのである。使い道については管理費とは異なるため注意が必要だが、規約で調整すればよい。季節の花の植栽やクリスマスのイルミネーション、子どもの日や敬老の日の記念品などに使うことができ、マンションのソフトパワーを上げられる。

あとがき

私は40年近く建築現場の技術屋として過ごしており、今も現役である。今まで民間工事から公共工事まで30棟以上の建物を現場所長として手掛けてきた。設計事務所や下請け会社、製造メーカーの裏も表も知り尽くしているつもりである。

人間がかかわる仕事であれば、失敗があったり間違った判断をするのは仕方がないと思っている。偉そうなことを書いていると思われたかもしれないが、当然私にも失敗の経験がある。あるマンションで１００％近く完成した時にＥＶピット内の漏水が確認された。原因は6階付近の壁からの漏水で検査日が迫っていた。管理のミスである。居室への漏水ではないので、そのまま検査を受けてもたぶん誰も気が付くことはなかっただろうが、私は屋上の押さえコンクリートを解体しアスファルト防水をやり直すことにした。1回目では水は止まらず3回やり直しをしてやっと漏水は止まった。検査日近くの工事のやり直しは精神的にとても辛いものであった。あれから10年以上たっているが、幸いなことにそのマンションからは何の苦情も来ていない。

どんな仕事であっても、絶対に越えてはならない一線がある。そして技術屋として絶対見逃せない事がある。管理組合の理事長になり修繕工事の実態を調査したら、あまりにもひどい事例があることが分かった。最大の原因は施主側である管理組合が悪意を持ったコンサルタントをはじめとするプロ集団にいいようにされていることである。

私は建築の技術屋として多くの建物の解体にもあたったが、解体すると建設当時の痕跡が現れ、どんな考えで作ったのかが見て取れるので興味深い。

大体が築25～40年の建物で、躯体を解体すると鉄筋が現れるが、コンクリートに包まれていた鉄筋はどれも錆びひとつなく新品同様に見える。アルカリ性であるコンクリートが鉄筋の酸性化を防いだのである。理論でなく実際に目にすることで鉄筋の耐久性を確認できた。屋上にはアスファルト防水が使われていて、アスファルトがコンクリートと一体化し、かなり経年しても防水機能が保たれていることが分かった。排水管は価格の安いトミジ管でも30年近く経ってもほとんど劣化してないことが確認できた。鉄筋コンクリートは外装のメンテナンスをすれば寿命は延び、防水や配管の材料についてもよほどのことがない限り20年や30年での更新の必要はないといえる。

この本の内容のほとんどは私の経験から書いている。机上の知識ではない、いわば私の汗で書いている。業界の裏側の事情も、多少は控えたつもりだがほとんどそのまま書いている。ただ、周りの人にも差し障りがあるためペンネームを使わせていただいた。

この本について、司法関係の古い友人から「この世の中には無駄な仕事で食っている人たちが多くいるのだから、あまり過激な事は控えた方がいいよ」と言われた。

しかし、マンションはほとんどの人にとって一生に一度の買い物であり、そこで生涯を終える人もいる。だからこそ詐欺師たちの餌食になってはいけない。4回目（48年目）の修繕をしようと思ったらあちこち壊れていて、修繕積立金が足りなくなっていた、というのではだめなのである。そのためには100年先を考えた修繕計画の立案とそれに伴う的確な修繕工事をすることで快適な長く住めるマンションにしなければならないと思っている。

この本を書き終わる今、強く訴えたいことがある。外部の詐欺師達はもちろんだが、行政のいい加減さ、管理会社の怠慢は本当に許しがたいことである。それと同時に、住民たちは、自分たちのマンションを守るための意識を持たなくてはならない。少しの行動と意識の変化で、大切なマンションを守ることができるのである。

最後に、保険については保険代理店の代表である齋藤純様より貴重なアドバイスをいただき、保険の統計については愛知産業大学教授の加藤晃様の研究データを引用させていただきました。また、法律についてアドバイスをいただいた古き友人のTさん、皆様には大変お世話になりました。感謝申し上げます。

そして私のつたない文章を採用していただいた彩図社様、まとめあげていただいた編集者の栩兼様、ありがとうございました。

２０１９年3月　建山晃

【大規模修繕工事における相談窓口】

・住まいるダイヤル　（公益財団法人　住宅リフォーム・紛争処理支援センター）

http://www.chord.or.jp/　ＴＥＬ：０５７０‐０１６‐１００

・公益財団法人　マンション管理センター

http://www.mankan.or.jp/　ＴＥＬ：０３‐３２２２‐１５１９

巻末資料

「マンションの建物・設備の概要等」①
（関連：P43、第１章「騙されないためにまず何をするべきか」）

（様式第1号） マンションの建物・設備の概要等

（団地／　　棟）（複数棟の場合）

(1) 敷地、建物の概要（注）団地型（複数棟）の場合は、団地（全体）と棟別に区分

マンション（団地）名	
管理組合名	
理事長名	
所在地	
敷地面積	㎡　権利関係（□所有権・□借地権・□地上権）
建築面積（建ぺイ率）	㎡（現行　％）（注）
延べ面積（容積率）	㎡（現行　％）（注）
専有面積の合計	㎡　（注）　／タイプ別専有面積：別表
構造	造
階数／棟数	地上　階地下　階／　棟　（地上　階地下　階／　棟）
住戸数	住戸　戸（注）
竣工日	年　月　日（経年　年）

(2) 設備、附属施設の概要（注）団地型（複数棟）の場合は、団地（全体）と棟別に区分

給・排水設備	□圧送ポンプ、□受水槽、□高置水槽、□浄化槽
ガス設備	□ガス
空調・換気設備	□空気調和機、□換気
電力設備	□（自家用）受変電室、□避雷針、□自家発電
情報・通信設備	□テレビ共聴（□アンテナ・□ケーブル）、□インターネット、□インターホン、□オートロック、□防犯カメラ等、□電波障害対策、□その他（　　）
消防用設備	□屋内消火栓、□自動火災報知器、□連結送水管 □その他（　　）
昇降機設備	□昇降機（　）台
駐車場設備	□平面（　）台、□機械式（　）台、□自走式（　）台、計（　）台
附属建物	□集会室（□棟内、□別棟）、□管理員室（□棟内、□別棟）
その他	□自転車置場、□ ゴミ集積所、□遊具（プレイロット）

(3) 関係者

分譲会社名	
施工会社名	
設計・監理事務所名	
管理会社名	会社名　Tel（　）－ 管理員名　、勤務形態（　）Tel（　）－

(4) 管理・所有区分

〔単棟型の場合〕

部位	区分（標準管理規約との相違点等）
所有区分（建物）	
（設備）	
管理区分（建物）	
（設備）	

（P201までの資料ダウンロード元　http://www.mlit.go.jp/common/001172730.pdf）

「マンションの建物・設備の概要等」②
（関連：Ｐ43、第１章「騙されないためにまず何をするべきか」）

〔団地型の場合〕

部分	区分
団地	
棟別	

(5) **維持管理の状況**　（団地／　棟）（複数棟の場合）

①法定点検等の実施

点検等	実施年月	点検等の結果の要点
	年　月	
	年　月	
	年　月	
	年　月	

②調査・診断の実施

調査・診断	実施年月	調査・診断の結果の要点
	年　月	
	年　月	
	年　月	

③主な修繕工事の実施

箇　所	実施年月	修繕工事の概要
	年　月	
	年　月	
	年　月	
	年　月	
	年　月	

④長期修繕計画の見直し

時　期	実施年月	見直しの要点
	年　月	
	年　月	
	年　月	

(6) **会計状況**　（団地／　棟）（複数棟の場合）

借入金の残高	年　月　日現在	（円）
修繕積立金残高	年　月　日現在	（円）
修繕積立金の額	月当たり・戸当たり	（円）
専用使用料からの繰入	月当たり・戸当たり	（円）
駐車場等の使用料からの繰入	月当たり・戸当たり	（円）
その他の繰入	月当たり・戸当たり	（円）

（注）団地型（複数棟）の場合は、団地（全体）と棟別に区分

「マンションの建物・設備の概要等」③
（関連：P43、第1章「騙されないためにまず何をするべきか」）

(7) 設計図書等の保管状況

□設計図書	(竣工図)
□構造計算書	
□数量計算書	(竣工図に基づく数量計算書)
□確認申請書副本	□確認済証、□検査済証
□分譲パンフレット	□アフターサービス規準
□点検報告書	□法定点検、□保守契約による点検
□調査・診断報告書	(過去に実施したもの)
□修繕工事の設計図書等	(仕様書、図面、数量計算書等)
□その他関係書類	□電波障害協定書、□その他（　　　）
□長期修繕計画	□現に有効な長期修繕計画
□管理規約	□現に有効な管理規約　□原始規約

別表　タイプ別専有面積

住戸タイプ	専有面積（㎡）
小計	
(店舗等)	
小計	
合計	

「調査・診断の概要」
（関連：P43、第１章「騙されないためにまず何をするべきか」）

（様式第2号） 調査・診断の概要

調査・診断箇所／　　　　　棟　　　　　団地共用部分

部位等		(1) 劣化の現象と原因	(2) 修繕（改修）方法の概要
建物	2 屋根防水		
	①屋上防水（保護）		
	②屋上防水（露出）		
	③傾斜屋根		
	④庇・笠木等防水		
	3 床防水		
	①バルコニー床防水		
	②開放廊下・階段等床防水		
	4 外壁塗装等		
	①コンクリート補修		
	②外壁塗装		
	③軒天塗装		
	④タイル張補修		
	⑤シーリング		
	5 鉄部塗装等		
	①鉄部塗装（雨掛かり部分）		
	②鉄部塗装（非雨掛かり部分）		
	③非鉄部塗装		
	6 建具・金物等		
	①建具関係		
	②手すり		
	③屋外鉄骨階段		
	④金物類（集合郵便受等）		
	⑤金物類（ﾒｰﾀｰﾎﾞｯｸｽ扉等）		
	7		
	①共用内部		
設備	8 給水設備		
	①給水管		
	②貯水槽		
	③給水ポンプ		
	9 排水設備		
	①排水管		
	②排水ポンプ		
	10 ガス設備		
	①ガス管		
	11 空調・換気設備		
	①空調設備		
	②換気設備		
	12 電灯設備等		
	①電灯設備		
	②配電盤類		
	③幹線設備		
	④避雷針設備		
	⑤自家発電設備		
	13 情報・通信設備		
	①電話設備		
	②テレビ共聴設備		
	③インターネット設備		
	④インターホン設備等		
	14 消防用設備		
	①屋内消火栓設備		
	②自動火災報知設備		
	③連結送水管設備		
	15 昇降機設備		
	①昇降機		
	16 立体駐車場設備		
	①自走式駐車場		
	②機械式駐車場		
外構他	17 外構・附属施設		
	①外構		
	②附属施設		
その他			

（注）調査・診断報告書（概要版）で代えることができる。

「推定修繕工事項目、修繕周期等の設定内容」①
（関連：P139、第４章「大規模修繕工事を始めよう」）

（様式第3-2号） 推定修繕工事項目、修繕周期等の設定内容

推定修繕工事項目	対象部位等	工事区分	修繕周期	想定している修繕方法等
Ⅰ 仮設				
1 仮設工事				
①共通仮設		仮設	年	
②直接仮設		仮設	年	
Ⅱ 建物				
2 屋根防水				
①屋上防水（保護）	屋上、塔屋、ルーフバルコニー	補修	年	
		修繕	年	
②屋上防水（露出）	屋上、塔屋	修繕	年	
		撤去・新設	年	
③傾斜屋根	屋根	補修	年	
		撤去・葺替	年	
④庇・笠木等防水	庇天端、笠木天端、パラペット天端・アゴ、架台天端等	修繕	年	
3 床防水				
①バルコニー床防水	バルコニーの床 （側溝、幅木を含む）	修繕	年	
②開放廊下・階段等床防水	開放廊下・階段の床 （側溝、幅木を含む）	修繕	年	
4 外壁塗装等				
①コンクリート補修	外壁、屋根、床、手すり壁、軒天（上げ裏）、庇等 （コンクリート、モルタル部分）	補修	年	
②外壁塗装	外壁、手すり壁等	塗替	年	
		除去・塗装	年	
③軒天塗装	開放廊下・階段、バルコニー等の軒天（上げ裏）部分	塗替	年	
		除去・塗装	年	
④タイル張補修	外壁・手すり壁等	補修	年	
⑤シーリング	外壁目地、建具周り、スリーブ周り、部材接合部等	打替	年	
5 鉄部塗装等				
①鉄部塗装 （雨掛かり部分）	（鋼製）開放廊下・階段、バルコニーの手すり	塗替	年	
	（鋼製）屋上フェンス、設備機器、立て樋・支持金物、架台、避難ハッチ、マンホール蓋、隔て板枠、物干金物等	塗替	年	
	屋外鉄骨階段、自転車置場、遊具、フェンス	塗替	年	
②鉄部塗装 （非雨掛かり部分）	（鋼製）住戸玄関ドア	塗替	年	
	（鋼製）共用部分ドア、メーターボックス扉、手すり、照明器具、設備機器、配電盤類、屋内消火栓箱等	塗替	年	
③非鉄部塗装	（アルミ製・ステンレス製等） サッシ、面格子、ドア、手すり、避難ハッチ、換気口等	清掃	年	
	（ボード、樹脂、木製等） 隔て板・エアコンスリーブ・雨樋等	塗替	年	

「推定修繕工事項目、修繕周期等の設定内容」②
（関連：P139、第４章「大規模修繕工事を始めよう」）

（様式第3-2号）推定修繕工事項目、修繕周期等の設定内容

推定修繕工事項目	対象部位等	工事区分	修繕周期	想定している修繕方法等
6 建具・金物等				
①建具関係	住戸玄関ドア、共用部分ドア、自動ドア	点検・調整	年	
		取替	年	
	窓サッシ、面格子、網戸、シャッター	点検・調整	年	
		取替	年	
②手すり	開放廊下・階段、バルコニーの手すり、防風スクリーン	取替	年	
③屋外鉄骨階段	屋外鉄骨階段	補修	年	
		取替	年	
④金物類（集合郵便受等）	集合郵便受、掲示板、宅配ロッカー等	取替	年	
	笠木、架台、マンホール蓋、階段ノンスリップ、避難ハッチ、タラップ、排水金物、室名札、立て樋・支持金物、隔て板、物干金物、スリーブキャップ等	取替	年	
	屋上フェンス等	取替	年	
⑤金物類（メータボックス扉等）	メーターボックスの扉、パイプスペースの扉等	取替	年	
7 共用内部				
①共用内部	管理員室、集会室、内部廊下、内部階段等の壁、床、天井	張替・塗替	年	
	エントランスホール、エレベーターホールの壁、床、天井	張替・塗替	年	
Ⅲ 設備				
8 給水設備				
①給水管	屋内共用給水管	更生	年	
	屋内共用給水管、屋外共用給水管	取替（更新）	年	
②貯水槽	受水槽	取替	年	
	高置水槽	取替	年	
③給水ポンプ	揚水ポンプ、加圧給水ポンプ、直結増圧ポンプ	補修	年	
		取替	年	
9 排水設備				
①排水管	屋内共用雑排水管	更生	年	
	屋内共用雑排水管、汚水管、雨水管	取替（更新）	年	
②排水ポンプ	排水ポンプ	補修	年	
		取替	年	
10 ガス設備				
①ガス管	屋外埋設部ガス管、屋内共用ガス管	取替（更新）	年	
11 空調・換気設備				
①空調設備	管理室、集会室等のエアコン	取替	年	
②換気設備	管理員室、集会室、機械室、電気室等の換気扇、ダクト類、換気口、換気ガラリ	取替	年	

「推定修繕工事項目、修繕周期等の設定内容」③
（関連：P139、第４章「大規模修繕工事を始めよう」）

（様式第3-2号）推定修繕工事項目、修繕周期等の設定内容

推定修繕工事項目	対象部位等	工事区分	修繕周期	想定している修繕方法等
12 電灯設備等				
①電灯設備	共用廊下・エントランスホール等の照明器具、配線器具、非常照明、避難口・通路誘導灯、外灯等	取替	年	
②配電盤類	配電盤・プルボックス等	取替	年	
③幹線設備	引込開閉器、幹線（電灯、動力）等	取替	年	
④避雷針設備	避雷突針・ポール・支持金物・導線・接地極等	取替	年	
⑤自家発電設備	発電設備	取替	年	
13 情報・通信設備				
①電話設備	電話配線盤（MDF）、中間端子盤（IDF）等	取替	年	
②テレビ共聴設備	アンテナ、増幅器、分配器等 ※同軸ケーブルを除く	取替	年	
③インターネット設備	住棟内ネットワーク	取替	年	
④インターホン設備等	インターホン設備、オートロック設備、住宅情報盤、防犯設備、配線等	取替	年	
14 消防用設備				
①屋内消火栓設備	消火栓ポンプ、消火管、ホース類、屋内消火栓箱等	取替	年	
②自動火災報知設備	感知器、発信器、表示灯、音響装置、中継器、受信器等	取替	年	
③連結送水管設備	送水口、放水口、消火管、消火隊専用栓箱等	取替	年	
15 昇降機設備				
①昇降機	カゴ内装、扉、三方枠等	補修	年	
	全構成機器	取替	年	
16 立体駐車場設備				
①自走式駐車場	プレハブ造（鉄骨造＋ALC）	補修	年	
		建替	年	
②機械式駐車場	二段方式、多段方式（昇降式、横行昇降式、ピット式）垂直循環方式等	補修	年	
		取替	年	
Ⅳ 外構・その他				
17 外構・附属施設				
①外構	平面駐車場、車路・歩道等の舗装、側溝、排水溝	補修	年	
	囲障（塀、フェンス等）、サイン（案内板）、遊具、ベンチ等	取替	年	
	埋設排水管、排水桝等 ※埋設給水管を除く	取替	年	
②附属施設	自転車置場、ゴミ集積所	取替	年	
	植樹	整備	年	
18 調査・診断、設計、工事監理等費用				
①調査・診断、設計、コンサルタント	大規模修繕工事の実施前に行う調査・診断 計画修繕工事の設計（基本設計・実施設計）・コンサルタント		年	
②工事監理	計画修繕工事の工事監理		年	
19 長期修繕計画作成費用				
①見直し	長期修繕計画の見直しのための調査・診断 長期修繕計画の見直し		年	

（注）現場管理費及び一般管理費は、各項目ごとの工事費（単価）に含む。

「推定修繕工事項目、修繕周期等の設定内容」④
（関連：P139、第４章「大規模修繕工事を始めよう」）

（様式第3-2号） 推定修繕工事項目、修繕周期等の設定内容

推定修繕工事項目	対象部位等	工事区分	修繕周期	想定している修繕方法等
V 性能向上工事項目（例）（必要に応じて、Ⅱ建物又はⅢ設備に追加する。）				
(1) 耐震	耐震壁の増設、柱・梁の補強、免震、設備配管の補強、耐震ドアへの交換、エレベーターの着床装置・P波感知装置の設置等	改修	年	
(2) バリアフリー	スロープ、手すりの設置、自動ドアの設置、エレベーターの設置・増設	改修	年	
(3) 省エネルギー	断熱（屋上、外壁、開口部）、昇降機、照明等の設備の制御等	改修	年	
(4) 防犯	照明照度の確保、オートロック、防犯カメラの設置等	改修	年	
(5) その他	・情報通信（インターネット接続環境の整備等） ・給水方式の変更（直結増圧給水方式への変更等） ・電気容量の増量（電灯幹線の増量等） ・利便施設の設置（宅配ボックス等） ・外部環境（外構、植栽、工作物等の整備）	改修	年	

「工事等材料承諾願」
（関連：P154、第４章「建築コンサルタントに対する注意事項」）

アドバイザーがいる場合はその人の印も

理事長	修繕委員長	修繕委員

平成　　年　　月　　日

○○マンション管理組合
理事長　　　　　　殿

受注者
現場代理人　　　　　　　印

工事等材料承諾願

（工事名）　○○マンション大規模修繕工事

標記について、下記のとおり材料を使用したいので、御承諾下さいますよう、お願いいたします。

記

品　名	製　造　元	品質規格	使用概算数　量	備　　考

上記工事の工事材料を承諾する。
（年月日）　平成　　年　　月　　日
理事長　　　　　　　　　　印
（注）２枚複写とし、管理組合、受注者各１部を保管する。

「工事等材料検査願」
（関連：P154、第４章「建築コンサルタントに対する注意事項」）

理事長	修繕委員長	修繕委員

平成　　年　　月　　日

○○マンション管理組合
理事長　　　　　　　　　　殿

受注者
現場代理人　　　　　　　　印

工　事　材　料　検　査　願

（工事名）　○○マンション大規模修繕工事

標記工事について、下記の工事材料を検査方お願いいたします。

記

品　　名	製　造　元	品質規格	数　量	検査希望日時

上記の検査結果は以下のとおりとする。

検査実施者の確認	品名	材料の合否	記　事
		合　・　否	
		合　・　否	
		合　・　否	
		合　・　否	

（注）２枚複写とし、管理組合、受注者各１部を保管する。

「工事施工立会（検査）願」
（関連：P154、第４章「建築コンサルタントに対する注意事項」）

理事長	修繕委員長	修繕委員

（正）

平成　　年　　月　　日

〇〇マンション管理組合
理事長　　　　　　　　　殿

受注者
現場代理人　　　　　　　　印

工事施工立会（検査）願

（工事名）　〇〇マンション大規模修繕工事

標記工事について、下記の工事施工状況を立会（検査）方お願いいたします。

記

工　　種	施　工　場　所	立会（検査）希望日時
		〇月〇日　〇時〇分

上記の立会（検査）結果は以下のとおりです。

立会（検査）実施者の確認	施工の合否	記　　事
	合　・　否	
	合　・　否	
	合　・　否	

（注）正副２枚複写とする。

「検査報告書の提出について」
（関連：P154、第４章「建築コンサルタントに対する注意事項」）

理事長	修繕委員長	修繕委員

平成　　年　　月　　日

〇〇マンション管理組合
理事長　　　　　　　　殿

受注者
現場代理人　　　　　　　印

検査報告書の提出について

（工事名）　　　　　　〇〇マンション大規模修繕工事

標記工事について、検査報告書を作成しましたので、提出いたします。

記

1.　検査報告書（　　　　）　　　　　　1部

以　上

「施工（製作）図承諾願」
（関連：P154、第４章「建築コンサルタントに対する注意事項」）

理事長	修繕委員長	修繕委員

平成　　年　　月　　日

〇〇マンション管理組合
理事長　　　　　　　　殿

受注者
現場代理人　　　　　　　印

施工（製作）図承諾願

（工事名）　〇〇マンション大規模修繕工事

標記について、添付のとおり施工（製作）図を作成しましたので、御承諾下さいますようお願いいたします。

記

［添付資料］

No	図　面　名　称	部数	備　　考

上記工事の施工（製作）図を承諾する。

（年月日）　平成　　年　　月　　日

理事長　　　　　　　　印

（注）２枚複写とし、管理組合、受注者各１部を保管する。

修繕工事における主な工事の適正価格
（平成30年時点、著者調べ）

1．コーキングの撤去＋打ち換え	
①ウレタンシール（15×10㎜）	1000円/m
②変性シリコン（15×10㎜）	1400円/m
2．アスファルト舗装（駐車場など）	
①アスファルト舗装（100㎜）撤去・取り替え	8500円/㎡
②アスファルト表層（10㎜程度）のみ	6500円/㎡
③駐車ライン引き	5000円/台
④車止め	8000円/台
3．仮設足場	
①ピケ足場（幅＝600）＋シート＋運搬費	2000円/㎡
4．床シート（廊下・階段）	
①床部分（平場）	3000円/㎡
②階段部分（平場）	3200円/㎡
③階段部分（蹴込）	8000円/段
④シート解体撤去（階段込）	2500円/㎡
⑤運搬費（5tユニック）	2～5万円/台
5．サッシュ	
①カバーサッシュ（ペアガラス込）	20万円/箇所
②サッシュ戸車交換（メーカー製品）	1500円/個＋人件費（2500円～/人）
③玄関戸取り替え	9万円/台
④ドアチェック取り替え	2万円/箇所

【著者略歴】
建山晃（たてやま・あきら）
1955年生まれ。1979年に大学の建築学科を卒業。
1988年、1級建築士取得。
1990年、1級施工管理技士取得。
現在に至る。

マンションの大規模修繕で
ダマされない方法

2019年4月3日　第一刷

著　者　建山晃

発行人　山田有司

発行所　株式会社　彩図社
東京都豊島区南大塚 3-24-4
MTビル　〒170-0005
TEL：03-5985-8213　FAX：03-5985-8224

印刷所　シナノ印刷株式会社

URL：http://www.saiz.co.jp
https://twitter.com/saiz_sha

ISBN978-4-8013-0361-4 C0052